Heinrich Krämer
**Die Altertumswissenschaft
und der Verlag B. G. Teubner**

EAGLE 049:

www.eagle-leipzig.de/049-kraemer.htm

Heinrich Krämer

Die Altertumswissenschaft und der Verlag B. G. Teubner

EAG.LE Edition am Gutenbergplatz
Leipzig

Bibliografische Information der Deutschen Nationalbibliothek
Die Deutsche Nationalbibliothek verzeichnet diese Publikation in der
Deutschen Nationalbibliografie; detaillierte bibliografische Daten
sind im Internet über http://dnb.d-nb.de abrufbar.

Dr. phil. h. c. Heinrich Krämer
Geboren 1928 in Altendorf / Kr. Unna. Studium der Theologie (ev.), deutschen Philologie
und Philosophie an den Universitäten Münster und Freiburg i. Br. (1949-1955).
Redakteur des Lexikographischen Institutes des Verlages Herder, Freiburg (1956-1959).
Leiter des Lektorates und Prokurist des Wilhelm Goldmann Verlages, München
(1960-1966); Geschäftsführer des Wilhelm Goldmann Verlages (1967-1968).
Alleiniger Geschäftsführer des Verlages B. G. Teubner GmbH, Stuttgart (1969-1999)
sowie der B. G. Teubner Verlagsgesellschaft mbh, Leipzig (1991-1999).
Vorsitzender der Arbeitsgemeinschaft Wissenschaftliche Literatur der
Arbeitsgemeinschaft Wissenschaftlicher Verleger (1973-1979).
Stellvertretender Vorsitzender des Bewilligungsausschusses des Förderungs- und
Beihilfefonds Wissenschaft der VG Wort (1977-1997). Verleihung der Ehrendoktorwürde
der Philosophisch-Historischen Fakultät der Universität Basel (1998).

Dieser Band gehört zur am 21. Februar 2011 begründeten Sammlung:
„Leipziger Manuskripte zur Verlags-, Buchhandels-, Firmen- und Kulturgeschichte".
Siehe hierzu auch: www.leipziger-manuskripte.de

Erste Umschlagseite: Aus dem ersten Prospekt der Bibliotheca Teubneriana, Leipzig 1850.
Vierte Umschlagseite: Dieses Motiv zur BUGRA Leipzig 1914 (Weltausstellung für
Buchgewerbe und Graphik) zeigt neben B. Thorvaldsens Gutenbergdenkmal auch
das Leipziger Neue Rathaus sowie das Völkerschlachtdenkmal.

Für vielfältige Unterstützung sei der Teubner-Stiftung in Leipzig gedankt.

EAGLE 049: www.eagle-leipzig.de/049-kraemer.htm

© Edition am Gutenbergplatz Leipzig 2011

Printed in Germany
Umschlaggestaltung: Sittauer Mediendesign, Leipzig
Satz und Layout: www.weiss-leipzig.eu
Herstellung: Books on Demand GmbH, Norderstedt

ISBN 978-3-937219-49-3

LOTTCHEN
VXORI CARISSIMAE
SACRVM

Bronzeabguß der Statue des sandalenbindenden Hermes im Lansdowne House, London (Stiftung der Beamtenschaft der Firma B. G. Teubner 1911).

Hermes: Gott der Tore und Wege, Stifter der Wissenschaft, Beschützer von Sprache, Schrift, Kunst und Gelehrsamkeit.

Der Verleger, redemptor, ist dem Gott wesensverbunden.
Als Diener der Musen, Μουσάων θεράπων, trägt er seine Autoren und wird durch sie getragen: κοινός Ἑρμῆς.

Quelle:
Die Hundertjahrfeier der Firma B. G. Teubner, Leipzig, 3. und 4. März 1911.
Leipzig: Teubner-Verlag 1911, S. 8 / 9

Inhalt

Q. HORATIUS
FLACCUS,
Ex RECENSIONE & cum NOTIS
ATQUE
EMENDATIONIBUS
RICHARDI BENTLEII.
EDITIO TERTIA.

AMSTELAEDAMI,
Apud ROD. & JACOB. WETSTENIOS & GUIL. SMITH.
M. D. CCXXVIII.

Titelblatt der Horaz-Ausgabe von Richard Bentley.
Editio tertia.
Amsterdam 1728 (Erstausgabe 1711)

I. Die Wurzeln

Benedictus Gotthelf Teubner
(16. Juni 1784 - 21. Januar 1856).
Günder der Firma (Offizin und
Verlag) B. G. Teubner. Lithographie
von Franz Seraph Hanfstaengl 1855

Erster Prospekt
(August 1850) der von
Benedictus Gotthelf Teubner
1849 begründeten Sammlung
BIBLIOTHECA TEUBNERIANA

Als Benedikt Gotthelf Teubner (1784-1856) seiner 1811 gegründeten Offizin – die durch ihr zur Kunstvollkommenheit ausgebildetes philologisches Drucksystem Berühmtheit unter den Verlegern und ihren Autoren genoß – im Jahre 1823 den Verlag anschloß, stand die Wissenschaft vom Altertum in einer ersten Blüte.

Richard Bentley (1662-1742) in Cambridge hatte als erster der Philologie die Quellen der textkritischen Forschung erschlossen und mit der Horaz-Ausgabe, die am 8. Dezember 1711, dem Geburtstag des Horaz, erschien, ein Vorbild kritischer Textgestaltung geschaffen. Mit »dem energischen Erfassen der echten Überlieferung«[1] bereitete er den Nährboden für das Korn der kritischen Philologie.

Richard Bentley (1662-1742).

Portrait von Sir James Thornhill (1710).
Mit freundlicher Genehmigung:
The Master and Fellows of Trinity College Cambridge

Als dessen kongenialer Nachfolger wirkte hundert Jahre später Gottfried Hermann (1772-1848) in Leipzig, der führende Textkritiker seiner Zeit. Goethe schätzte ihn als den größten unter allen philologischen Gelehrten. Ihm widmete Hermann 1831 seine Euripides-Ausgabe (Voluminis I. Pars II: Iphigenia in Aulide): GOETHIO TAURICA IPHIGENIA SPIRITUM GRAIAE TENUEM CAMENAE GERMANIS MONSTRATORI. Otto Ribbeck (1827-1898) pries ihn in seiner Biographie Friedrich Ritschls, des Hermann-Schülers, als »größten lebenden Kenner Plautinischer Kritik und Metrik«.[2]

Gottfried Hermann
(1772-1848)

Durch ihn sowie Christian Gottlob Heyne (1729-1812), den Begründer der Religionsgeschichte, seinen Schüler Friedrich August Wolf (1759-1824) und dessen Schüler August Böckh (1785-1867) empfing die Altertumswissenschaft im Lauf von acht Jahrzehnten ihren Universalumriß; sie entfaltete sich zu einer Hauptdisziplin, welche Philologie und Geschichtswissenschaft umschloß.

Als vorbildlicher Führer der modernen Geschichtswissenschaft wirkte Johann Joachim Winckelmann (1717-1768). »Er hat die Archäologie als Kunstwissenschaft geschaffen.«[3]

Johann Joachim Winckelmann
(1717-1768).
Portrait von
Angelika Kaufmann (1764)

Eine »Geschichte der Kunst, und
zwar in Verbindung mit der
Geschichte der ganzen Kultur«
(U. von Wilamowitz-Moellendorff)

Seine *Geschichte der Kunst des Alterthums* (1764) umfaßt eine Geschichte der ganzen Kultur. »Indem er eine Stilgeschichte gab, von der die Philologen weder für Poesie noch für Prosa überhaupt eine Ahnung hatten, gab er ein Vorbild, zu dem alle Zeit bewundernd aufschauen soll. Aus dieser Quelle stammt der Lebenssaft, der ziemlich alle Zweige unserer Wissenschaft hat wachsen und grünen lassen.«[4]

Durch Winckelmann, den er in der Italienischen Reise als den »meisterhaft Belehrenden«[5] preist, gelangt Goethe zum Bild des südlichen, antiken Kunst- und Naturkörpers. »Was Kunst betrifft, hab' ich nun Grund gelegt und kann nun drauf bauen, wie es Zeit und Umstände erlauben, das Altertum ist mir aufgeschlossen«, schreibt er an Herder.[6] Daß der Stern des Griechischen sich nie aus dem Bereich des abendländischen Lebens entferne, sondern unaufhörlich mit charismatischer Kraft fortwirke – dieser Wunsch verbindet ihn mit seinem Freund Wilhelm von Humboldt (1767-1835), der aus Paris an Goethe schreibt: »Wir Deutschen erkennen nicht genau, wieviel wir einzig dadurch gewinnen, dass Homer und Sophokles uns nah und gleichsam verwandt geworden sind.«[7]

Friedrich August Wolf, Freund Goethes, gewann beherrschenden Einfluß in Deutschland durch das von ihm 1787 in Halle begründete Seminarium Philologicum; er schuf die Konzeption einer die Einzeldisziplinen zu einer Einheit formenden Altertumswissenschaft, die er in seinen Vorlesungen entfaltete und in einem 1817 erschienenen, Goethe gewidmeten Beitrag erklärte. Dadurch wies er der Philologie als historischer Wissenschaft den Weg. Da die deutsche Wissenschaft einer spezifisch philologischen Kritik noch entbehrte, wies er nachdrücklich auf Bentley hin. Seine *Prolegomena ad Homerum* (1795) leiteten die moderne Analyse der Homerischen Dichtungen ein. Nur deren erster Teil erschien; der versprochene zweite Teil, der die Antwort auf die Fragen bringen sollte, die der erste aufwarf, blieb aus. »Der Hauptwert der Prolegomena liegt gar nicht in der Homerischen Frage, die längst aufgeworfen war, sondern in der Erschließung der Scholien, also der Geschichte des Textes.«[8]

Friedrich August Wolf
(1759-1824)

August Böckh
(1785-1867)

In der Nachfolge Wolfs gab Böckh der Erforschung des antiken Lebens durch sein aus den Quellen, besonders den Inschriften, erarbeitetes Werk *Die Staatshaushaltung der Athener* (1812) ein neues Fundament.

Böckh hielt von 1809 bis 1865 in sechsundzwanzig Semestern Vorlesungen über Enzyklopädie der Philologie in Berlin. Die Summe seiner Erfahrungen wurde unter dem Titel *Enzyklopädie und Methodenlehre der philologischen Wissenschaften* aus dem Nachlaß herausgegeben; das Werk erschien 1877 als sein philologisches Testament bei B. G. Teubner.

Friedrich Wilhelm Ritschl (1806-1878).
»das Haupt einer großen Philologenschule« (F. Bücheler)

Nach Böckh entfaltete Friedrich Wilhelm Ritschl (1806-1878) den Universalgrundriß der Altertumswissenschaft. Für seine Vorträge über Enzyklopädie legte er das folgende Schema an:

1. Allgemeiner Teil.
2. Hermeneutik, Kritik, Grammatik, Metrik.
   Geschichte der griechischen und lateinischen Sprache.
   Geschichte der klassischen Sprachwissenschaft.
3. Griechische und römische Literaturgeschichte.
4. Mythologie und Antiquitäten (Archäologie).

Als Aufgabe der Philologie erkannte Friedrich Wilhelm Ritschl, der größte Schüler des von Goethe geschätzten Hallenser Philologen Karl Reisig (1792-1829), gemeinsam mit Böckh »die Reproduktion des Lebens des klassischen Altertums durch Erkenntnis und Anschauung seiner wesentlichen Äußerungen«;[9] aber er machte deutlich, daß diese Reproduktion nicht bloß eine ideale, geschichtswissenschaftliche, sondern auch eine reale, auf Erhaltung und Herstellung der Literaturdenkmäler gerichtete ist.

Karl Lachmann (1793-1851).
»der anerkannte Meister
der Textkritik«
(U. von Wilamowitz-
Moellendorff)

Der Erhaltung und Herstellung der Literaturdenkmäler diente die von Gottfried Hermann und von Karl Lachmann (1793-1851) begründete Textkritik. Lachmann stellte das Prinzip der Recensio auf – die Beschreibung und Entzifferung der Handschriften-Zeugen und Feststellung der Textüberlieferung – und schuf die neuen Maßstäbe für kritische Textausgaben; namentlich seine Untersuchungen zum griechischen und lateinischen Neuen Testament sowie vor allem seine Ausgabe des Neuen Testamentes (1831) und des Lukrez (1850) bildeten die Fundamente der künftigen Philologie.
Sie verpflichteten sich auch den altertumswissenschaftlichen Teubnerschen Verlag.

Von Lachmanns Stellung in der Geschichte der Philologie urteilte Friedrich Leo: »Lachmann hat uns gelehrt, daß es die erste Aufgabe der Kritik ist, die besondere Art der Überlieferung zu beurtheilen, die Zeugen zu prüfen, die zuverlässigen zu sondern, sich auf kein Zeugnis der unzuverlässigen einzulassen, und so die echte und ursprüngliche Überlieferung, stufenweise bis zur Entstehung des Werkes vordringend, zu erschließen; die zweite Aufgabe, nachdem dies geschehen, ›durch scharfes Eindringen und liebevolles Hineinfühlen in des Dichters Weise‹ seine Absichten zu erkennen und die Wunden zu heilen, die seinem Werk geschlagen sind, und so das ursprüngliche Gebilde wieder herzustellen so rein und vollkommen wie die Mittel der Überlieferung, wie die Vertrautheit mit der Sprache und ›der dichterischen und menschlichen Gestalt‹ des Verfassers, mit seiner Zeit und Umgebung, mit den Gedanken, in denen er lebte und den Bedingungen seiner Kunst es gestatten. Er hat uns die Methode gelehrt, durch die wir in den sichersten Besitz unserer Schätze zurückgelangt sind. Er hat aber damit auch den Begriff der philologischen Kritik zu dem Umfang erweitert, der dem neuen Begriff der ganzen Wissenschaft entsprach. Diese Kritik umfaßt und hat zur Voraussetzung die ganze Stufenfolge der Forschung von der Vergleichung der Handschriften und der Ermittlung der Orthographie bis zur Reconstruktion des Culturkreises, aus dem das Werk hervorgegangen, aus dem heraus es allein wahrhaft verstanden werden kann. Sie kann im Lachmannschen Geiste nicht ohne das Können in Hermanns Sinne, nicht ohne das Wissen in Böckhs Sinne getrieben werden.«[10]

II. Die Bibliotheca Teubneriana: Sammlung kritischer Ausgaben griechischer und lateinischer Schriftsteller

Benedikt Gotthelf Teubner, der seit 1823 den philologischen Verlag mit Textausgaben griechischer und lateinischer Autoren für Gymnasien aufgebaut hatte, gründete 1849 die dem Maßstab der modernen Textkritik gerecht werdende BIBLIOTHECA SCRIPTORUM GRAECORUM ET ROMANORUM TEUBNERIANA als stetig wachsende Sammlung kritischer Textausgaben griechischer und römischer Schriftsteller. Sie wurde noch zu Lebzeiten des Firmengründers – und blieb bis zum 21. Jahrhundert mit 500 selbständigen Ausgaben – der Mittelpunkt der Teubnerschen Altertumswissenschaft. Friedrich Wilhelm Ritschl, der seit den späten fünfziger Jahren zu den großen, durch seine Plautus-Ausgabe berühmten Autoren des Verlages gehörte, schrieb 1855 an Benedikt Teubner, er sehe »so zahlreiche und gereifte Früchte Ihrer Verlagstätigkeit, dass man nicht anders kann als von ihr sagen, sie habe sich mit Adlerschwingen über alles übrige Gevögel im philologischen Fache emporgehoben und nehme in der künftigen Geschichte der Philologie einen würdigen Platz ein«.[11]

Schon in der Aufbruchsphase seines Verlages gründete Benedikt Teubner eine »kritische Zeitschrift«, um die Entwicklungen in Wissenschaft und Schule zu begleiten und zu beeinflussen: *Jahrbücher für Philologie und Pädagogik.* 1825 angekündigt, erschien die Zeitschrift mit vier Heften 1826. Zu monatlicher Erscheinungsweise ging der Verlag 1827 über. Die Zeitschrift bestand aus drei Abteilungen: Rezensionen, besonders über griechische und römische Literatur; Abhandlungen; Nachrichten. Am Schluß des Jahrgangs folgte eine Bibliographie philologischer und pädagogischer Neuerscheinungen. Die Auflage betrug 500 Exemplare.

Den ersten Jahrgang der von M. Jahn, später auch von Reinhold Klotz herausgegebenen Jahrbücher eröffnete Franz Passow (1786-1833), Schüler Gottfried Hermanns und Verfasser des berühmten *Handwörterbuches der griechischen Sprache*, mit einer vierundzwanzigseitigen Einleitung. Zu den Mitarbeitern gehörten, neben Passow, Johannes Schulze in Berlin, der regelmäßig Nachrichten über das preußische Bildungswesen lieferte; Karl Lehrs in Königsberg; Gottfried Hermann in Leipzig. Dictum von Hermann: »Wer nichts von der Sache versteht, schreibt über Methode.« Ab 1898 erschien die Zeitschrift unter dem neuen Titel *Neue Jahrbücher für das klassische Altertum, Geschichte und deutsche Literatur und für Päda-gogik*. Ab 1925 veränderte die Zeitschrift nochmals ihren Titel: *Neue Jahrbücher für Wissenschaft und Jugendbildung*. Nach den Einträgen im Verlagskatalog von 1933 wurden die *Neuen Jahrbücher* bis zum 12. Jahrgang 1936 geführt. In der Geschichte dieser Zeitschrift spiegelt sich das wechselnde Verhältnis von Wissenschaft und Schule wider.

Der *Bibliotheca Teubneriana* wurde nach und nach in der zweiten Hälfte des 19. Jahrhunderts das Ziel gesteckt, den gesamten Besitzstand der antiken Literatur zu umfassen und auch byzantinische Schriftsteller sowie solche des lateinischen Mittelalters und der Humanistenzeit aufzunehmen.

Um die *Bibliotheca* gruppierten sich die großen kritischen Ausgaben. Von besonderem Gewicht sind die *Grammatici Latini* (1855-1878) von Heinrich Keil und die *Grammatici Graeci* (1867-1910) von Lentz-Schneider-Uhlig-Hilgard. Hohen Rang nahm die führende Plautus-Ausgabe von Friedrich Ritschl ein, die 1858 in den Teubnerschen Verlag überging. Ihr schlossen sich an die Ennius-Ausgabe (1854, 2. Aufl. 1903) von Johannes Vahlen (1830-1911), die Vergil-Ausgabe von Otto Ribbeck (1859-1868, 2. Aufl. 1894-1895), die Horaz-Ausgabe von O. Keller und A. Holder (1864-1869), die *Griechischen Tragiker* von Nauck, die *Rhetores Latini minores* von Rudolf Halm (1863) sowie das *Corpus glossariorum Latinorum* von Gretz (1888-1923). Das älteste Hauptwerk der römischen Sprachwissenschaft, des M. Terentius Varro *De Lingua Latina* von Gretz-Schoell (1910), erweiterte den Kreis der großen Einzelausgaben.

Im beginnenden 20. Jahrhundert wurde als Grundlage zur Erforschung der antiken Natur- und Heilwissenschaft durch den 1907 mit den Akademien von Berlin, Kopenhagen und Leipzig geschlossenen Verlagsvertrag das *Corpus medicorum Graecorum* (1908-1929) geschaffen, in dem von 32 geplanten Bänden 16 Bände zur »Erforschung der wissenschaftlichen Schriftsprache der Ärzte und des Hippokrates« (Ulrich von Wilamowitz-Moellendorff) erscheinen konnten, darunter die Schriften des Galen in drei Teilbänden und das vier Bücher umfassende Lehrbuch der Gynäkologie des Soranos. Dem griechischen *Corpus* folgend, wurde das *Corpus medicorum Latinorum* (1915-1928) mit sechs Bänden herausgegeben.

Der ältesten griechischen Dichtung widmeten sich zwei große Einzelausgaben, die philologische Gipfelpunkte sind: die große Ausgabe des Hesiod von Alois Rzach (1902) und die Homer-Ausgaben von Arthur Ludwich: *Odyssea* (1889-1891) und *Ilias* (1902-1907). Die *Odyssea* war »vollends die letzterschienene vollständige kritische Ausgabe«.[12] Sie wurde bis zum Beginn des 21. Jahrhunderts nicht ersetzt.

Eine der großen herausragenden Ausgaben erschien im Teubnerschen Verlag von 1928 bis 1938: der *Suidas*, das größte Lexikon der Antike: *Lexicographi Graeci. Suidae Lexicon.* Pars I-V, herausgegeben von Ada Adler.

Textkritische Edition, Kommentar und Monographie einerseits und Lexikographie anderseits bildeten die Brennpunkte der Ellipse des Verlages in der zweiten Hälfte des 19. Jahrhunderts und fortwirkend im 20. Jahrhundert. Die Brennpunkte waren die *Bibliotheca Teubneriana* – die umfassende Reihe kritischer Textausgaben der griechischen und lateinischen Literatur – und der *Thesaurus linguae Latinae*, das größte lateinische Wörterbuch: sie prägen die alle Gebiete der Altertumswissenschaft umgrenzende Tätigkeit der Teubnerschen Firma.

THESAVRVS
LINGVAE LATINAE

EDITVS IVSSV ET AVCTORITATE
CONSILII AB ACADEMIIS SOCIETATIBVSQVE
DIVERSARVM NATIONVM ELECTI

VOL. X, 1 FASC. XI

pernumero — persuadeo

B. G. TEUBNER STUTTGART UND LEIPZIG

III. Thesaurus linguae Latinae

Schon im 18. Jahrhundert war der erste Entwurf eines *Thesaurus Latinus* entstanden; er stammte von Friedrich August Wolf. 1857 griffen Friedrich Ritschl in Leipzig und Karl Halm in München den Plan auf und nahmen Franz Bücheler in Bonn, Ritschls Schüler, als Redakteur des Werkes in Aussicht. 1853 empfahl sich B. G. Teubner mit ihrer in philologischem Satz führenden Offizin und ihrer verlagsbuchhändlerischen Erfahrenheit als Verlegerin, aber die Sache stockte. Erst 1891 wurde der Plan auf einer Konferenz behandelt, an der Friedrich Althoff als Vertreter des preußischen Kulturministers sowie Theodor Mommsen, Johannes Vahlen und Hermann Diels im Auftrag der Berliner Akademie teilnahmen. 1893 traten dann die kartellierten Akademien und wissenschaftlichen Gesellschaften in Berlin, Göttingen, Leipzig, München und Wien zusammen; in den Thesaurus-Ausschuß wurden von den beteiligten Körperschaften Hermann Diels, Ulrich von Wilamowitz-Moellendorff, Friedrich Leo, Otto Ribbeck, Friedrich Karl Brugmann, Eduard Wölfflin und Wilhelm von Hartel entsandt, die wiederum Franz Bücheler kooptierten. 1896/1897 wurde zwischen B. G. Teubner und den fünf Akademien der »Verlagscontract betreffend den Thesaurus linguae Latinae« geschlossen, der älteste bis zur Gegenwart unverändert angewendete Vertrag des Verlages. 1900 erschien der erste Faszikel. Die Verbreitung geschah gleich weltweit; allein nach Amerika und England gingen unmittelbar 17 % der Exemplare, ins Ausland überhaupt 35 %.

Eine Entwicklungs- und Vollendungsepoche von weit mehr als hundert Jahren sah der Verlagscontract für dieses größte Unternehmen der lateinischen Lexikographie nicht vor. Er bestimmte vielmehr, daß für die Drucklegung des ganzen Werkes der »in Aussicht genommene Zeitraum von 15 Jahren nicht wesentlich überschritten wird, so zwar, daß in jedem Jahr möglichst gleichmäßig Manuskript für 100 Bogen geliefert wird«. Das größte Lieferungswerk des Teubnerschen Verlages umfaßt nach 100 Jahren mehr als 150 Faszikel zu je 80 Seiten Folio, und es werden in den nächsten 30 bis 40 Jahren noch weitere etwa 70 Faszikel von der Münchner Zentralredaktion und deren Mitarbeitern geliefert werden müssen, damit der lateinische Thesaurus »sein wohlgeratenes Abschlußzeugnis vorweisen« möge, wie Hermann Diels in seiner »Vorarbeit zum griechischen und lateinischen Thesaurus« unter dem Titel *Elementum* (B. G. Teubner 1899) wünschte.

Der Thesaurus in seiner mehr als hundertjährigen und die Bibliotheca Teubneriana in ihrer hundertsechzigjährigen Geschichte verbürgen die Bestimmung der Teubnerschen Firma als verlagsbuchhändlerisches Glied der Altertumswissenschaft.

Der Thesaurus linguae Latinae blickt auf hundert Jahre lexikographischer Arbeit zurück. Nach der Begründung des Wörterbuches im Jahre 1893 durch die damaligen fünf deutschsprachigen Akademien — wesentlichen Anteil daran hatten Eduard Wölfflin und Theodor Mommsen — wurde die Arbeit im Jahre 1894 in Göttingen und München (seit 1899 alleiniger Sitz des Unternehmens) aufgenommen. Im Dezember 1896 und Januar 1897 wurde der Verlagscontract zwischen den fünf kartellierten Akademien und wissenschaftlichen Gesellschaften in Berlin, Göttingen, Leipzig, München, Wien und der Verlagsbuchhandlung B. G. Teubner in Leipzig geschlossen. Im Jahre 1900 erschien die erste Lieferung des Wörterbuches. Bis zum Jahre 1994 sind insgesamt 144 Faszikel ausgegeben worden, welche den Wortschatz bis zum Buchstaben P erschließen.

Ulrich von Wilamowitz-Moellendorff, der den Verlagsvertrag als Vertreter der Gesellschaft der Wissenschaften zu Göttingen mitvollzog, widmete 1925 dem Thesaurus als Dank für dessen Glückwünsche zum 77. Geburtstag ein ΕΛΕΓΕΙΟΝ, das wir, mit freundlicher Einwilligung der Weidmannschen Verlagsbuchhandlung, als wenig bekannte Kostbarkeit wiedergeben — dankbar der Gründer des Thesaurus und der Arbeit von Gelehrten mehrerer Generationen ebensowohl wie des größten Philologen in der Altertumswissenschaft unseres Jahrhunderts gedenkend.

Dieses Widmungsgedicht von Ulrich von Wilamowitz-Moellendorff veröffentlichte der Verlag B. G. Teubner zur hundertsten Wiederkehr des Beginns der Arbeit am Thesaurus 1994 als Separatum:

ULRICH VON WILAMOWITZ-MOELLENDORFF

Thesauro linguae Latinae

Corpus deficiunt vires seniumque gravescit,
   nec tamen adsiduum docta Camena fugit.
nec patriam salvam nec vestros Parca labores
   cernere perfectos imperiosa sinet.
humanumst. sed divorum consumimur omnes
   servi. sic vestrum Musa coronet opus.

ΕΛΕΓΕΙΑ, Berlin 1938, Nr. 43

Zwischen der

B. G. Teubner'schen Buchhandlung in Leipzig

und

den fünf Akademien

(Gesellschaften) der Wissenschaften

zu Berlin, Göttingen, Leipzig, München und Wien

vereinbarter Verlagscontract

betreffend

den Thesaurus linguae latinae.

Verlagscontract zwischen B. G. Teubner
und den fünf Akademien (Gesellschaften) der Wissenschaften
zu Berlin, Göttingen, Leipzig, München und Wien
über den *Thesaurus linguae Latinae*
vom 31. Dezember 1896 / 27. Januar 1897 (S. 1 und S. 6).
Dieser Verlagsvertrag regelt seit mehr als einem Jahrhundert in
unveränderter Form die Rechtsverhältnisse zwischen den Partnern

IV. Recensio und interpretatio

Recensio und interpretatio – dies sind die eng miteinander verwobenen elementaren Operationen, welche die Philologie ausübt: Feststellung der handschriftlichen Quellen der Überlieferung und der durch sie gegebenen Tatsachen sowie deren geistige Durchdringung und Deutung. So beschrieb Hermann Usener den Kreislauf der Philologie. »Trennen lassen sich diese zwei Operationen nirgendwo, eine ohne die andere hat entweder keinen oder unvorgreiflichen Wert. Es muß also schon zu dem ersten Geschäft der recensio die zweite Tätigkeit, die interpretatio, mitwirken. So entsteht ein Kreislauf wie des Rades, das sich fort und fort um die gleiche Achse dreht, aber keine Umdrehung macht, ohne den Wagen weiter zu tragen.«[13]

Dem Kreislauf von recensio und interpretatio folgt die Entwicklungsgeschichte der philologischen Wissenschaft und ihrer Teildisziplinen. »Die Geschichte einer Wissenschaft verzeichnet nicht bloß Leistungen. In ihrer Geschichte entfaltet sich ihr *Begriff*, der nicht unberührt bleiben kann von dem Wandel der Generationen.«[14]

Im Bilde des Antaios stellt uns Usener den Fortschritt der Erkenntnis vor Augen: »Antaios schöpfte neue Kraft im Kampfe mit Herakles, wenn er die mütterliche Erde berührte: dem philologischen Geschichtsforscher bringt jede Vertiefung in den Wortlaut der Quellen neue und erweiterte Erkenntnis.«[15]

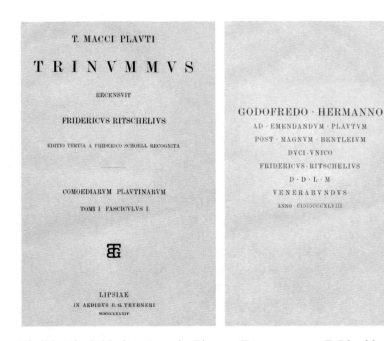

Titelblatt der kritischen Ausgabe Plautus, *Trinummus* rec. F. Ritschl.
Editio tertia, 1884. Mit der Widmung Friedrich Wilhelm Ritschls
für Gottfried Hermann, 1848

V. Friedrich Wilhelm Ritschl und die Bonner Philologie

Die Entwicklungsgeschichte der philologischen Wissenschaft empfing ihre Impulse durch die Schöpfer und Gestalter ihrer Disziplinen, die eine starke Wechselwirkung mit B. G. Teubner verband. Namentlich Friedrich Ritschl hielt, nach dem Tod seines Lehrers Gottfried Hermann (1848), »das Prinzipat wenigstens auf dem Gebiet der grammatisch-kritischen Philologie«.[16] Ihm verdankt B. G. Teubner die führende Plautus-Ausgabe mit dem *Trinummus* an der Spitze. 1844 brachte er die Schrift *Atheteseon Plautinarum Liber I* dem verehrten Lehrer Gottfried Hermann dar, »der ihm außer dem kritischen Genie allein als Führer und Licht in dem Irrsal der Plautinischen Studien gedient habe«.[17]

Über Ritschl urteilte Eduard Fraenkel (1888-1970) in seiner Einleitung zu den *Ausgewählten kleinen Schriften Friedrich Leos* (Rom 1960):

»Die Plautusarbeiten des jungen Ritschl setzen als ein Produkt genialer Begabung und schier unerschöpflicher Arbeitskraft immer wieder in Erstaunen. Seine *Parerga zu Plautus und Terenz* (1845) werden für alle Zeit zu den am besten geschriebenen, lebendigsten und ergebnisreichsten Werken der klassischen Philologie gehören.

Als der zweiundvierzigjährige Ritschl 1848, im Todesjahr seines Lehrers Gottfried Hermann, die Hermann gewidmete Gesamtausgabe des Plautus mit den großartigen *zwanzig Kapiteln der Prolegomena* begann, hatte er bereits den Plautus und alles, was formal oder inhaltlich mit ihm nur irgend zusammenhing, nach allen Richtungen durchforscht. Erst Ritschl hatte begonnen, den von Angelo Mai in der Ambrosiana entdeckten Palimpsestcodex wahrhaft zu erschließen und für die Textkritik fruchtbar zu machen, er hatte mit allen den dornigen Problemen der plautinischen Sprache und Metrik gerungen, hatte die Schicksale des Plautustexts und den Wechsel seines Bestandes von den frühen Stadien bis zu Varro und weiter zu den Grammatikern der späten Kaiserzeit verfolgt, hatte allen erreichbaren Handschriften ein ebenso eindringendes Studium gewidmet wie der Geschichte des Wiederauftauchens der zwölf dem Mittelalter unbekannten Komödien und allen Ausgaben des Plautus von den ersten Drucken bis ins 19. Jahrhundert ... Wahrlich, dieser Mann faßte damals die

Aufgabe eines Plautusforschers in vorbildlicher Breite und Tiefe.«[18] So wurde ihm der Ruf des *Sospitator Plauti*, des Retters der plautinischen Dichtung, zuteil.

Die Herausgabe des Plautus war aufs engste verknüpft mit der Erforschung des Altlateins, namentlich der ältesten Steininschriften, die Ritschl in einem kritisch gesichteten Corpus, einem *Thesaurus Latinitatis antiquae*, zu vereinigen als notwendige Aufgabe ansah.

In den gemeinschaftlich zu edierenden *Priscae Latinitatis monumenta epigraphica, cum commentariis grammaticis* war er sich mit Theodor Mommsen (1817-1903) vollkommen einig; das Werk sollte 1854 bei B. G. Teubner erscheinen. Der Ritschl-Plan wurde aber vom Teubnerschen Verlag nicht durchgeführt, vielmehr als Teil des Plans von Mommsen in Verbindung mit der Berliner Akademie von Ritschl gutgeheißen. So übernahm Mommsen die Herausgabe des *Corpus inscriptionum Latinarum (CIL)*. Aus Ritschls Erforschung des Altlateins entstand die Epigraphik als eigene Teildisziplin der Altertumskunde.

Theodor Mommsen (1817-1903)   Otto Ribbeck (1827-1898)

Ritschl regte 1858 die wichtigste epigraphische Anthologie an: eine kritische Sammlung aller in Versen abgefaßten lateinischen Inschriften, die sein Schüler Franz Bücheler unter dem Titel *Carmina Latina epigraphica* (1895-1897, Neudruck 1982 als Pars II der *Anthologia Latina*) herausgab.

Ritschls Schüler und Biograph Otto Ribbeck schreibt über seines Lehrers Verdienste: »Es hat sich so gefügt, daß die Neubegründung der lateinischen Sprachgeschichte durch geniale Verbindung textkritischer, prosodisch-metrischer, epigraphischer und literarhistorischer Studien in der Reihe seiner wissenschaftlichen Taten obenansteht.«[19]

Ritschl – »das Haupt einer großen Philologenschule« (Bücheler) – förderte gemeinsam mit dem Kreis seiner Bonner Schüler maßgebend den Ausbau der *Bibliotheca Teubneriana*, namentlich durch Herausgabe der römischen Tragikerfragmente sowie der Komikerfragmente, der römischen Grammatiker, Virgils, Suetons. Nach dem Übergang seiner Plautus-Ausgabe an Teubner schrieb Ritschl an seinen Freund Alfred Fleckeisen am 7. März 1858: »Es kömmt mir ganz vor in meinem Gefühl, als wären auch wir wie durch ein neues Band mit einander verbunden. Und eine ähnliche Empfindung, wie von solidarischer Zusammengehörigkeit, habe ich auch, wenn ich an unsere theils gleichaltrigen theils jüngeren Freunde denke, die, durch Gemeinsamkeit der Bestrebungen und der wissenschaftlichen Methode verbunden, nun eine Art von förmlichem Central-Brennpunkt an der T.'schen Firma gefunden haben.«[20]

Zu Ehren Ritschls und seiner fünfundzwanzigjährigen Bonner Lehrtätigkeit (1839-1864) schuf die Bonner Philologenschule die *Symbola philologorum Bonnensium* (herausgegeben von Fleckeisen), einen Band von 54 Bogen Großoktav mit Beiträgen von 43 Bonner Schülern (B. G. Teubner 1867).

»Daß aber auch in ihren literarischen Publikationen die Bonner Schule gesammelt und einheitlich auftreten konnte, dazu halfen einander ergänzend die Teubnersche Buchhandlung und das Rheinische Museum.«[21] Friedrich Nietzsche (1844-1900), Ritschls Schüler, hebt im Brief an Richard Wagner vom 25. Juli 1872 die Verlagsbuchhandlung als »die eigentlich philologische Generalfirma Teubner in Leipzig« hervor.

Ritschls bedeutendste Schüler und unmittelbare Nachfolger im Bonner Lehramt, Hermann Usener (1834-1905) und Franz Bücheler (1837-1908), brachten als Bonner »Dioskuren« die philologische Schule zu voller Blüte und gaben, jeder ein φάρος, Leuchtturm der Altertumskunde, bis weit in das 20. Jahrhundert hinein Wegleitung und Sicherheit.

In Erinnerungen an seinen Lehrer Franz Bücheler beleuchtete Rudolf Borchardt (1877-1945) den Einfluß, den Bücheler und Usener ausübten: »In vierunddreißigjähriger gemeinsamer Tätigkeit haben Bücheler und Usener Generation um Generation von Philologen erzogen, durch die Verschie-

denheit der Beanlagung sich wundervoll ergänzend, in den Grundanschauungen über den richtigen Weg philologischer Ausbildung vollkommen einig. Es ist etwas Seltenes in der Geschichte der Wissenschaften,
was von diesen Männern gesagt werden darf: weit über die Hälfte aller
heute in Deutschland wissenschaftlich tätigen Philologen hat im Bonner
Seminar ihre Erziehung erhalten.«[22]

Hermann Usener (1834-1905).
Nach einer Photographie 1901.
»Filologo della religione«
(A. Momigliano). Begründer der
Philologischen Religionsgeschichte

Franz Bücheler (1837-1908).
Er schuf die *Carmina Latina
epigraphica*, die Sammlung
aller in Versen abgefaßten
lateinischen Inschriften (1895-1897)

Am Schluß seiner Rektoratsrede von 1882 beschwört Usener den Philologen als den »Pionier der Geschichtswissenschaft«, und er schließt mit einer Ermahnung: »Man hat unsere Philologengeneration Epigonen ge-
nannt, denen nur die Vervollständigung und Ausbesserung des von den
Größen der vorangegangenen Epoche aufgeführten Gebäudes verbliebe.
Ein jeder ist Nachzügler seiner Vorgänger, aber jedem Geschlecht ist seine besondere Bestimmung zugefallen. Freilich, die Fülle des Stoffes und
der Aufgaben hat sich unendlich vermehrt, und die Ruhmeskränze, die uns
locken, hangen höher. Umso angestrengter haben wir, statt im Bewußtsein
des Epigonentums zu verzagen, unsere Kräfte einzusetzen, um der Kette
des wissenschaftlichen Fortschritts unser Lebenswerk als brauchbares
Glied zufügen zu können.«[23]

Als beständige Glieder dieser Kette des wissenschaftlichen Fortschritts wirkten vorbildhaft durch ihr Lebenswerk Hermann Usener und Franz Bücheler zuvörderst, namentlich auch Otto Jahn (1813-1869) in Bonn – der Philologie und Archäologie mustergültig miteinander verband, der griechischen Vasenmalerei eine neue Forschungsgrundlage gab und die erste wissenschaftliche Mozartbiographie (1859) schrieb – und dann deren Schüler Ulrich von Wilamowitz-Moellendorff (1848-1931), Georg Kaibel (1849-1901), Friedrich Leo (1851-1914), Richard Heinze (1867-1929), Hermann Diels (1848-1922), Eduard Norden (1868-1941), denen die Altertumswissenschaft des endenden und neuen Jahrhunderts ihre Blüte verdankt.

Otto Jahn
(1813-1869).
Photographie um 1860.

Er war der Lehrer Mommsens und der vielseitigste Gelehrte seiner Zeit

Friedrich Leo erfüllte die erstarrende Plautusforschung durch sein Buch *Plautinische Forschungen zur Kritik und Geschichte der Komödie* (1895, zweite Auflage 1912) und durch seine kritische Ausgabe des Plautus (2 Bände, erschienen bei Weidmann, Berlin, 1895/1896) mit neuem Leben. In Eduard Fraenkels Würdigung ist Leos Plautusausgabe »die abgewogenste, eindringendste und umfassendste Ausgabe eines umfangreichen antiken Textes, die wir besitzen. Sie ist nicht endgültig; keine von einem Menschen gemachte Edition kann endgültig sein.«[24]

Friedrich Leo (1851-1914).
Die Plautus-Ausgabe des
großen Philologen ist
»die abgewogenste, eindringendste
und umfassendste Ausgabe eines
umfangreichen antiken Textes,
die wir besitzen«
(Eduard Fraenkel)

Eduard Fraenkel (1888-1970).
Unicus magister: einzigartiger Forscher
und Lehrer. »The greatest latin scholar
(of this time of life) in the whole world«
(W. M. Lindsay, 1935, nach der Wahl
Fraenkels zum Professor der lateinschen
Sprache und Literatur am Corpus Christi
College, Oxford)

VI. Die Verzweigungen

Das Aufblühen der Altertumskunde seit 1870 war der Ausdruck einer vielfältig sich verzweigenden Einzelforschung, und es ließ ganz neue Teildisziplinen entstehen, die dem Stamm eine neue Gestalt gaben.

Die Einzelforschung galt der Edition, dem Kommentar, der Monographie, der Lexikographie, dem Lehrbuch. Beispielhaft für die neu entstehenden Editionen sind die *Epicurea* (1887) von Hermann Usener sowie die kritische Ausgabe der *Odyssea* (1889-1891) von Arthur Ludwich, welche auch die jüngste Forschung aufarbeitete und hundert Jahre nicht ersetzt wurde, deshalb 1998 als Neudruck erschien, sowie dessen *Ilias* (1902-1917).

Joachin Latacz (geb. 1934)   Martin L. West (geb. 1937)

Der erste Kommentar zu *Homers Ilias* wurde von Ameis-Hentze-Cauer (1868-1922) herausgegeben. Auf der Grundlage der Ausgabe von Ameis-Hentze-Cauer wurde durch B. G. Teubner in Verbindung mit Joachim Latacz (geb. 1934) ein neuer Gesamtkommentar *Homers Ilias* seit 1990 entwickelt, der das Werk in Text, Übersetzung und Kommentar mit Vers-für-Vers-Erläuterungen erschließt. Das Kommentarwerk, das unter der Leitung von Joachim Latacz entsteht und von dem auch die neue Übersetzung stammt, die neben dem Text von Martin L. West aus der *Bibliothe-*

ca-Ausgabe steht, begann 1999/2000 zu erscheinen und wird voraussicht-
lich 15 Bände in je zwei Faszikeln umfassen.

Dieses Kommentarwerk ist Bestandteil der mehr als hundert Jahre beste-
henden *Sammlung wissenschaftlicher Commentare* zu griechischen und
römischen Schriftstellern (SWC). Die Sammlung wurde von Alfred Giesecke, dem von Otto Ribbeck philologisch geschulten Mitinhaber der
Firma B. G. Teubner (1868-1945), begründet und von Georg Kaibel 1896
mit dem Kommentar zur sophokleischen *Elektra* eröffnet. Ihm folgten
Lucretius Buch III, erklärt von Richard Heinze (1897) und *P. Vergilius
Maro, Aeneis Buch VI*, erklärt von Eduard Norden (1903, neunte Auflage
1995). Das Werk von Norden begründete, gemeinsam mit dem gleichzei-
tig erschienenen Buch *Virgils epische Technik* von Richard Heinze (in
achter Auflage als Neudruck 1995 erschienen), die Vergil-Renaissance
des 20. Jahrhunderts.

Eduard Norden (1868-1941).
Princeps philologorum
seiner Epoche

Richard Heinze (1867-1929).
Sein Buch *Virgils epische Technik*
leitete die Vergil-Renaissance ein

Ulrich von Wilamowitz sagte, Norden habe zusammen mit Heinze »den in Deutschland arg verkannten Dichter in das gebührende Licht gestellt«. Zwei Urteile über Heinzes Virgil: »Das Buch ist ... das beste, das bisher über Virgil geschrieben worden ist. Es hat aber auch allgemeine Bedeutung als durchgeführtes Beispiel der Analyse und wissenschaftlichen Würdigung eines der großen literarischen Kunstwerke« (Friedrich Leo). »Was Heinze hier bot, war auf dem Gebiet lateinischer, im Grunde genommen antiker Poesie überhaupt neu: die wesentlich künstlerische Analyse einer dichterischen Grundkomposition. Verstandesschärfe und ein ihm eigentümlicher Sinn für römisches Gedankenethos verbanden sich hier mit Gefühl für das Architektonische. Wir werden sozusagen in die Werkstatt des Dichters geführt, um ihn bei seinem Schaffen zu betrachten, von den Werkstücken bis zum Monumentalbau« (Eduard Norden).

Ein Beispiel antiker Religionsgeschichte geben in der SWC-Reihe die *Papyri Graecae magica*, herausgegeben und übersetzt von Karl Preisendanz (1928-1931), neu herausgegeben von Albert Henrichs (1973-1974). Ein Hauptwerk der römischen Geographie bilden die *Itineraria Romana* von Cuntz/Schnetz (1929-1940, ergänzter Neudruck 1990). Neue Einblicke in die antike Astrologie und Astronomie gewährt die quellenkritische Edition mit Kommentar *Grade und Gradbezirke der Tierkreiszeichen – Der anonyme Traktat De stellis fixis, in quibus gradibus oriuntur signorum* von Wolfgang Hübner (1995).

Unter den Monographien der Jahrhundertwende ragen zwei Werke heraus, die sich bis zur Gegenwart ihre Geltung bewahrt haben und nicht überholt noch ersetzt wurden. Eduard Nordens zweibändige, Franz Bücheler gewidmete Darstellung *Die antike Kunstprosa vom VI. Jahrhundert v. Chr. bis in die Zeit der Renaissance* (1898, 10. Auflage 1995), das, wie im Vorwort der Erstauflage beschrieben, »literar- und stilgeschichtliche Zusammenhänge zu ermitteln, die Theorie der kunstvoll gewählten Diktion im Geist der Antike selbst darzulegen« sucht, diente Generationen als das zu den Quellen führende Fundamentalwerk. Eduard Nordens philologisch-ethnographische Darstellung *Die germanische Urgeschichte in Tacitus' Germania* (1920) fand keinen Nachfolger und erschien in 5. Auflage als Neudruck 1998.

Einen Mittelpunkt religionsgeschichtlicher Forschung bildet das Buch *Griechische Feste von religiöser Bedeutung mit Ausschluß der attischen* (1906, Neudruck 1995) von Martin Persson Nilsson (1874-1967). Das Werk ist noch immer unersetzt; auch Walter Burkerts exemplarische Analyse einzelner Festkomplexe in *Homo necans* (1972) kann den Platz des Buches von Nilsson nicht einnehmen.

Die Lexikographie wurde bereits zu Lebzeiten Benedikt Gotthelf Teubners begründet durch *Lübkers Reallexikon des klassischen Altertums* (1855), das neunzig Jahre lang, zuletzt in der 8. Auflage von 1914, die weiteste Verbreitung besonders unter Lehrern und Schülern fand und auf Grund der Nachkriegsverhältnisse, welche die Teilung des Teubnerschen Verlages zur Folge hatten, nicht fortgeführt werden konnte.

Für Schüler der Gymnasien wurde in der Mitte des 19. Jahrhunderts von Gustav Eduard Benseler, später bearbeitet von Adolf Kaegí, das *Griechisch-deutsche Schulwörterbuch* (15. Auflage 1931, Neudruck 1994), von Friedrich A. Heinichen das *Lateinisch-deutsche Schulwörterbuch* (10. Aufl. 1931, Neudruck 1993) geschaffen, die letzte bearbeitete Auflage als *Ausgabe mit Berücksichtigung ausgewählter mittellateinischer Schriftsteller*. Aus dieser Auflage ging der berühmte *Taschen-Heinichen* (1932) hervor.

VII. Thesaurus der Mythologie – Schatzhaus der lateinischen Sprache – Kultur der Gegenwart

Unter den lexikographischen Unternehmen des späten 19. und frühen 20. Jahrhunderts nimmt das dem Gesamtgebiet der klassischen Mythologie gewidmete Werk einen besonderen Rang ein, das von W. H. Roscher, Konrektor am Königlichen Gymnasium zu Wurzen, geplant und im Verein mit führenden Gelehrten, wie Adolf Furtwängler, Johannes Ilberg, Eduard Meyer, Georg Wissowa, für B. G. Teubner herausgegeben wurde: *Ausführliches Lexikon der griechischen und römischen Mythologie* (1889-1937). Auf annähernd 8000 Druckseiten wurde die antike Mythologie durch Erfassung fast aller Überlieferungen der Religion der Alten einschließlich der orientalischen und etruskischen Mythen und Kulte systematisch erschlossen. Dieser Thesaurus des gesamten mythologischen Materials ist noch heute für den Forscher ein unentbehrliches Hilfsmittel.

Einen Markstein der Literaturgeschichtsschreibung setzte Wilhelm Sigmund Teuffel mit seinem Hand- und Lehrbuch *Geschichte der römischen Literatur* (B. G. Teubner 1868-1870; deren siebte von Wilhelm Kroll und Franz Skutsch bearbeitete Auflage erschien 1913), einer Darstellung von unübertroffener Gründlichkeit. In den Vorreden zur ersten bis dritten Auflage begründet Teuffel seinen Standpunkt: »Durch zweierlei hauptsächlich unterscheidet sich die vorliegende Bearbeitung der römischen Literaturgeschichte schon äußerlich von ihren Vorgängern; dem Umfange nach durch ihre gleichmäßige Berücksichtigung der christlichen Literatur; der Art nach durch ihre chronologische Anlage. Das eine wie das andere ist der Ausfluß davon, daß vor allem mein Bestreben war, eine wirkliche *Geschichte* der römischen Literatur zu geben, eine Darstellung ihrer Erscheinungsweisen während der Jahrhunderte ihres Daseins. Von diesem leitenden Gesichtspunkt aus mußte es als ganz unmöglich erscheinen, die christliche Literatur auszuschließen oder auch nur zu verkürzen; denn vom Ende des zweiten Jahrhunderts n. Chr. an ist sie nun einmal ein Bestandteil der römischen Literatur, und zwar einer von immer zunehmender Wichtigkeit. Sie trotzdem hintanzusetzen wäre nur dann zulässig, wenn man sich überhaupt, mit Weglassung aller technischen Fächer, auf die sog. schöne Literatur beschränken wollte. Behandelt man aber die Literatur der Jurisprudenz, Naturwissenschaften u. s. f., so darf man auch gegen die der Theologie sich nicht verschließen. – Das andere Unterscheidungs-merkmal ist die Anlage nach der Zeitordnung. Sie ist eine so unmittelbare Folge des historischen Grundcharakters …, daß ich hoffe, es werde auch in Zukunft dabei sein Bewenden haben. – Die Grenze für die Darstellung war dadurch gegeben, dass mein Werk eine römische Literaturgeschichte ist, eine Geschichte der Literatur des römischen Volkes und des römi-schen Reiches … Mit der Absetzung des Augustulus war weder das Reich noch vollends gar das Volk vernichtet; es waren daher auch die Haupt-erscheinungen der Literatur im sechsten Jahrhundert mit in Betracht zu ziehen …«

Teuffels Werk ist ganz aus den historisch-literarischen Quellen geschöpft. Ausführliche Lebensbeschreibungen und Werkdeutung, Handschriften- und Literaturnachweise sowie eine strenge Systematik geben der Darstel-lung ein Höchstmaß an Zuverlässigkeit. Darum pries Franz Bücheler den »römischen Teuffel«, der nicht wenigen Gelehrten lieber war als der »griechische Christ«, als »das philologische Reichskursbuch«.

Alfred Giesecke-Teubner (1868-1945).
»Bibliopola humanissimus.« Urenkel des Firmengründers B. G. Teubner und fünf Jahrzehnte für Altertumswissenschaft und Geisteswissenschaften verantwortlicher geschäftsführender Gesellschafter

Ein »Unternehmen größten Stils«[25] wurde durch Alfred Giesecke und die Vertreter der fünf Akademien und wissenschaftlichen Gesellschaften in den »Verlagscontract betreffend den Thesaurus linguae Latinae« dauerhaft eingebettet. Das Archiv für lateinische Lexikographie und Grammatik bereitete ihn im Jahr 1884 vor und begleitete ihn lange während der Zeit seiner Ausführung seit 1893. »Nächst der *Bibliotheca* hat kein anderes Unternehmen den Ruhm der Teubnerschen Firma gleichermaßen in alle Kulturländer getragen.«[26]

Über den Erfolg und die Bedeutung des Werkes berichtete Friedrich Leo in der von ihm 1913 verfaßten Denkschrift an das Preußische Abgeordnetenhaus: »Der äußere Erfolg des Werkes war vom Erscheinen der ersten Lieferung an sehr groß. Während im Vertrage mit dem Verleger die Möglichkeit einer Zahl von 500 Abnehmern ins Auge gefaßt ist, beträgt jetzt die Zahl der Abonnenten über 1700. Das gelehrte Publikum des In- und Auslandes erkannte durch seine unerwartet zahlreiche Beteiligung an, daß in diesem Werk die seit Jahrhunderten geforderte und oft halb oder ganz vergeblich angegriffene Arbeit einer wissenschaftlichen Darstellung des lateinischen Sprachschatzes wirklich geleistet wurde, und daß der Thesaurus für sein Jahrhundert, das zugrundeliegende Archiv für allezeit der lateinischen Sprachwissenschaft das wichtigste Hilfsmittel bot. Der Thesaurus wird nicht nur von Philologen beständig benutzt, auch die Juristen können ihn für eine sprachliche Analyse des Corpus iuris gar nicht mehr entbehren; das Analoge gilt für die Theologen: denn die in beiden Konfessionen eifrigst betriebenen patristischen Studien sind durch ihn auf eine neue festere und wissenschaftlichere Grundlage gestellt worden. Da auch lateinische Schriftsteller germanischer Nationalität, wie alle in den ›Scriptores antiquissimi‹ der ›Monumenta Germaniae‹ vereinigten Texte, hineinbezogen werden, so kommt der Thesaurus auch dem genaueren Verständnisse der wichtigsten Quellen unserer ältesten vaterländischen Geschichte zugute. Er ist in allen Kulturländern die in jeder einschlägigen wissenschaftlichen Frage angerufene Autorität.«[27]

Gesamtdarstellungen einer Disziplin in handbuch- oder lehrbuchmäßiger Form entstehen aus der Erfahrung, daß in der Geschichte jeder einzelnen Wissenschaft Perioden intensiver Einzelforschung mit solchen abwechseln, in denen das Bedürfnis nach der zusammenfassenden Synthese der gewonnenen Ergebnisse in den Vordergrund drängt.

So entstand zu Beginn des 20. Jahrhunderts der Plan, ein großes enzyklo-
pädisches Werk mit dem Titel *Die Kultur der Gegenwart – Ihre Entwicklung und ihre Ziele* unter der Redaktion von Paul Hinneberg bei B. G.
Teubner herauszugeben. Hermann Diels hatte in der Festschrift zur Zwei-
hundertjahrfeier der Königlich Preußischen Akademie der Wissenschaften
die Forderung einer Synthese der Ergebnisse aller Einzelwissenschaften
erhoben: »So ruft also dieses Jahrhundert die ganze Wissenschaft auf zur
Konzentration, zur Einigung. Wir sind es müde, bloß Stoffe zu sammeln,
wir wollen geistig des Materials Herr werden; wir wollen hindurchdringen
durch die Einzelheiten zu dem, was doch der Zweck der Wissenschaft ist:
zu einer allgemeinen großen Weltanschauung.«

Die Kultur der Gegenwart sollte dazu beitragen, dieses Ziel zu erreichen.
Der allgemeine Teil des Verlagsvertrages enthält für die Autoren die folgende Bestimmung: »In allgemein verständlicher Form soll es, aus der
Feder der geistigen Führer unserer Zeit, gleichsam ein Organon der modernen Kultur – in dem Baconischen Sinne des Wortes – bieten, indem es
in großen Zügen *die Fundamentalergebnisse der einzelnen Kulturgebiete*

in Wissenschaft, Technik, Kunst usw. nach ihrer Bedeutung für die gesamte Kultur der Gegenwart und für deren Weiterentwicklung vom deutschen Standpunkte darstellt.«

Aus dieser auf 50 Bände angelegten Enzyklopädie, die nicht vollendet werden konnte, heben wir zwei Bände heraus: Teil I, Abteilung VIII und Teil II, Abteilung IV.

Teil I, Abteilung VIII behandelt *Die griechische und lateinische Literatur und Sprache* (1905, 2. Auflage 1907, 3. Auflage 1912, Neudruck 1924). Für diese aus den Quellen erarbeitete Gesamtdarstellung im Umfang von 464 Seiten Quart wurden die besten Altertumsforscher gewonnen: Ulrich von Wilamowitz-Moellendorff für *Die griechische Literatur des Altertums*; Karl Krumbacher für *Die griechische Literatur des Mittelalters*; Jacob Wackernagel für *Die griechische Sprache*; Friedrich Leo für *Die römische Literatur des Altertums*; Eduard Norden für *Die lateinische Literatur im Übergang vom Altertum zum Mittelalter*; Franz Skutsch für *Die lateinische Sprache*.

Jacob Wackernagel
(1853-1938).
Führender Vertreter der
Vergleichenden Sprachwissenschaft
im 20. Jahrhundert

Die Ursprünglichkeit des Zugangs zum griechischen Geist, die Souveränität des Urteils und die unverwelkliche Frische der Vermittlung veranlaßten den Verlag, die 330 Seiten umfassende Einführung des größten Hellenisten des 20. Jahrhunderts in die griechische Literatur des Altertums in einer Einzelveröffentlichung als Neudruck der 3., wesentlich erweiterten Auflage 1995 erscheinen zu lassen.

Teil II, Abteilung IV behandelt *Staat und Gesellschaft der Griechen und Römer bis zum Ausgang des Mittelalters* (1910, 2., überarbeitete Auflage 1929). Ulrich von Wilamowitz-Moellendorff übernahm den 232 Seiten umfassenden Abschnitt *Staat und Gesellschaft der Griechen*. Wilamowitz entwickelt das Programm seines Abrisses in zwei Sätzen: »Wer von dem staatlichen und gesellschaftlichen Leben der Griechen ein Gesamtbild geben will, in dem das spezifisch Griechische in, meistens unausgesprochenen, Gegensatz zu anderen Völkern hervortritt, kann das auf keine andere Weise erreichen, als daß er das Bild wiedergibt, das in seiner Phantasie allmählich durch die Beobachtung von tausend und abertausend Einzelheiten entstanden ist. Denn die Griechen liefern ihm natürlich keine Selbstschilderung, und mag er auch die Kenntnis der anderen Völker, die das spezifisch Griechische erst deutlich macht, fremder Forschung entnehmen, die Griechen muß er im großen und kleinen aus eigener Anschauung schildern, sonst verwirkt er jedes Recht darauf, gehört zu werden.«

Diese alle Grenzen zwischen Philologie, Archäologie und Geschichte sprengende Darstellung hat der Verlag ebenfalls in einer Einzelveröffentlichung 1994 als Neudruck der 2. Auflage der Enzyklopädie herausgebracht.

VIII. Einleitung in die Altertumswissenschaft

Die zweite große Gesamtdarstellung erschien zwischen 1910 und 1912 in drei Bänden mit mehr als 1500 Druckseiten Quart und erfuhr in zwei Jahrzehnten durch vier Auflagen bis 1933 die weiteste Verbreitung als Fundamentalwerk der Altertumskunde, dessen Plan und Anlage auf Alfred Giesecke-Teubner zurückging, der im April 1904 den Verlagsvertrag mit den Herausgebern schloß: *Einleitung in die Altertumswissenschaft*, herausgegeben von Alfred Gercke und Eduard Norden, unter Mitwirkung von 14, bei der dritten Auflage 1927 von 32 Fachgenossen.

Georg Wissowa (1859-1931) urteilte in den *Neuen Jahrbüchern*: »Auf dem Gebiete der Altertumswissenschaft sind wir zweifellos seit einer Reihe von Jahren in eine solche Periode der neue produktive Werte schaffenden Reproduktion eingetreten. Die von A. Gercke und E. Norden … herausgegebene neueste Gesamtdarstellung steht aber insofern ohne jede Konkurrenz da, als sie sich ausdrücklich an die studierende Jugend wendet und dem angehenden Philologen eine Einführung in das Gesamtgebiet seiner Wissenschaft und eine Ergänzung der Vorlesungen und des privaten Studiums zu geben unternimmt … Diese Aufgabe ist hier klar erkannt und in zweckmäßiger Weise dadurch gelöst, daß in der Regel der einer Disziplin gewidmete Abschnitt in zwei auch typographisch unterschiedene Unterabteilungen zerlegt ist, die sich zueinander etwa verhalten wie Vorlesung und Seminarübung, als Hauptteil eine Übersicht unseres gegenwärtigen Wissens in darstellender Form, im Anhange einerseits eine kritische Würdigung der Quellen und neuen Bearbeitungen, andrerseits eine Erörterung der für die Betrachtung des Gegenstandes maßgebenden Gesichtspunkte und der gegenwärtig im Vordergrund des Interesses stehenden Probleme.«[28]

Als Eröffnungsband der dritten Auflage erschien die auf Nordens Anregung eigens für die *Einleitung* verfaßte *Geschichte der Philologie* (1921) von Ulrich von Wilamowitz-Moellendorff, die Gercke (1860-1922) als »die Krönung des ganzen Werkes« würdigte.

Die dritte Auflage wurde auch erweitert durch *Griechische und lateinische Palaeographie* sowie *Papyruskunde* und den von Paul Maas verfaßten Abschnitt *Textkritik*. Für die vierte Auflage verfaßte Eugen Täubler die völlig neue Darstellung *Der römische Staat*, die im Februar 1935 ausgedruckt war, aber nicht mehr ausgeliefert werden konnte, weil ihr Verfasser jüdischer Abkunft war.

Ulrich von Wilamowitz-Moellendorff (1848-1931).
»der größte Hellenist des Historismus, ja der Neuzeit« (A. Henrichs)

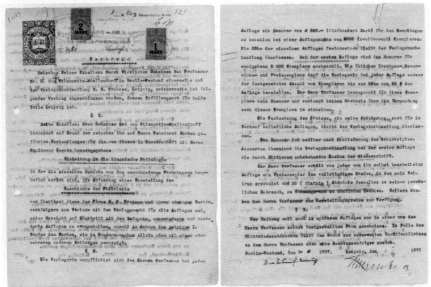

Verlagsvertrag zwischen U. von Wilamowitz-Moellendorff und B. G. Teubner über die *Geschichte der Philologie* vom 30. März / 9. April 1921

IX. Die Zeitschriften

Die Einzelforschung vollzieht sich hauptsächlich in Monographien und besonders in Zeitschriften als den Flüssen und Kanälen des Gelehrtenverkehrs zum Transport der Güter des wissenschaftlichen Fortschritts. Ihre Ergebnisse lassen neue Teildisziplinen entstehen. Die Jahrzehnte, die das 19. Jahrhundert beschlossen und das 20. Jahrhundert eröffneten, wurden die Gründungsepoche neuer Disziplinen und neuer wissenschaftlicher Zentralorgane.

Den ersten Rang, den die *Mathematischen Annalen* (begründet 1868) als »die Entdeckungszeitschrift des Teubnerschen Verlages«[29] fünfzig Jahre für die gesamte mathematische Forschung unter der Führung der bedeutendsten Mathematiker von Alfred Clebsch und Felix Klein bis David Hilbert einnahmen, bekleideten vom letzten Jahrzehnt des 19. Jahrhunderts an drei weitere Entdeckungszeitschriften, die drei neuen Einzeldisziplinen als Forschungsmittelpunkt dienten.

1. *Byzantinische Zeitschrift*: Karl Krumbacher (1854-1909) legte im Jahre 1892 der gelehrten Welt das erste Heft dieser neuen, B. G. Teubner anvertrauten Zeitschrift vor, und er bezeichnete diese kühne Neugründung als die »Mündigkeitserklärung der Byzantinistik«.[30]

Karl Krumbacher (1854-1909).

Begründer der Byzantinistik

Verlagsvertrag zwischen Karl Krumbacher und B. G. Teubner über das *Byzantinische Archiv*, als Ergänzung der *Byzantinischen Zeitschrift*, vom 20. Juni 1898

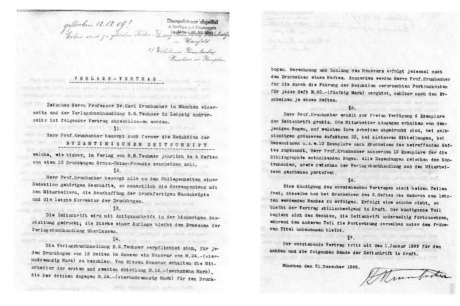

Verlagsvertrag zwischen Karl Krumbacher und B. G. Teubner
über die Redaktion des achten Bandes und der folgenden Bände
der *Byzantinischen Zeitschrift*
vom 31. Dezember 1898

Die *Byzantinische Zeitschrift* hat die mehr als 110 Jahre dauernde Entwicklung dieser Forschungsdisziplin als internationales Zentralorgan für Literatur, Geschichte und Kunstgeschichte einschließlich der mit ihnen verbundenen Neben- und Randdisziplinen durch grundlegende umfangreichere Artikel, durch Rezension zentraler, den Kern des Faches berührender Werke und durch eine übersichtlich gegliederte Bibliographie beobachtend, fördernd und führend begleitet.

Nach dem Tod von Karl Krumbacher im Jahre 1909 hielten die nachfolgenden Herausgeber von August Heisenberg, Franz Dölger, Hans-Georg Beck bis Peter Schreiner die Grundsätze des Gründers in Geltung (103. Band 2010).

Die B. Z. wird durch das *Byzantinische Archiv* mit umfangreichen monographischen Arbeiten ergänzt.

2. *Archiv für Papyrusforschung und verwandte Gebiete*: Die ersten umfangreichen Funde von Papyrus-Handschriften in Fayyûm im Jahr 1877 sowie in Syene und Oxyrhynchos leiteten die Aufbruchszeit der papyrologischen Forschung ein.

Ulrich Wilcken (1862-1944) gründete das *Archiv für Papyrusforschung* im Jahre 1901 bei B. G. Teubner (55. Band 2010). Wilcken führte das Archiv vier Jahrzehnte lang und entwickelte seine Zeitschrift zum international führenden Zentralorgan der Papyrologie.

Das Urkundenreferat übernahm Wilcken bis zu seinem Tode. Als Referate-Organ (Christliche Texte; Urkundenreferat; Literarische Papyri; Referat der koptischen literarischen Texte und Urkunden; Demotica selecta) wurde es für jeden Papyrologen unentbehrlich.

Ein Bild der Entwicklung und der Resultate der Papyrusforschung zeichnen Ulrich Wilcken und Ludwig Mitteis in ihrem Werk *Grundzüge und Chrestomathie der Papyruskunde* (B. G. Teubner 1912).

Die kritischen Ausgaben des Bakchylides (Snell), Menander (Körte) und Hypereides (Jensen) in der *Bibliotheca* beruhen auf neugefundenen Papyrustexten.

Alfred Körte (1866-1946)

Albrecht Dieterich (1866-1908)

3. *Archiv für Religionswissenschaft* (ARW): Die Zeitschrift wurde 1898 als Mittelpunkt der neuentstandenen Disziplin begründet. Ihr Herausgeber war Albrecht Dieterich (1866-1908), Schüler und Schwiegersohn Hermann Useners. Nicht dem ersten, aber dem siebten Band des ARW (1904) hatte Dieterich ein programmatisches Vorwort vorangestellt, das die neue Zeitschrift fest in die von Usener, dem »filologo della religione« (Arnoldo Momigliano), begründete Tradition der »Philologischen Religionsgeschichte« als Grundlage jeder komparatistischen Arbeit einfügte.

Dieterich erklärte, religionsgeschichtliche Forschung könne »nur in den Grundsätzen und mit den Mitteln der philologischen Geschichtswissenschaft aufgebaut und gefördert werden«.[31] Den Schwerpunkt bildeten die vorchristlichen mediterranen, europäischen und nahöstlichen Religionen; Religion wurde als Teil der historischen Zivilisation verstanden. Im dritten und vierten Jahrzehnt seines Bestehens wurde das ARW im Dritten Reich durch Verfälschung der Religionswissenschaft als Organ der Rassenkunde instrumentalisiert, und mit dem Ende des Zweiten Weltkrieges ging die einst illustre, schließlich kompromittierte Zeitschrift ein. In der Erforschung der griechischen Zauberpapyri leistete Albrecht Dieterich Pionierarbeit; sein Schüler Otto Preisendanz schuf dann in den *Papyri Graeca Magicae* eine Standardedition.

Die kritischen Ausgaben der *Bibliotheca*, die in den zwanziger Jahren mehr als 500 Bände umfaßte, die großen Gesamtdarstellungen der Disziplin, die lexikographischen Großunternehmen, denen sich das größte Lexikon der Antike, *Suidae Lexicon* (1928-1938), anschloß, und die Zeitschriften als die Quellgebiete dreier neuer Disziplinen haben zur Entfaltung der Altertumswissenschaft fördernd beigetragen oder sie erst ermöglicht und die »lebendigen Ramifikationen der Wissenschaft«[32] – von denen Goethe in seinem Brief an Heinrich Wilhelm Ferdinand Wackenroder in Jena, den Entdecker des Karotin, vom 21.1.1832 spricht –, die Verästelungen und Verzweigungen am Baum ihrer Disziplinen zu ihrem vollen Wuchs auszuprägen geholfen.

Aus Anlaß des 60. Geburtstages von Alfred Giesecke im Jahr 1928 stellte Eduard Norden fest, daß B. G. Teubner »es stets verstanden hat, mit den Wissenschaftserfordernissen in Wechselwirkung zu treten«.[33]

Dem Gedanken, eine neue Form der unmittelbaren geistigen Zusammenarbeit der Altertumsforscher zu schaffen und ihre Arbeiten »in den Dienst
einer zentralen Frage zu stellen, die vom Standpunkt der verschiedenen
Disziplinen der klassischen Altertumswissenschaft erörtert wird«, gab
Werner Jaeger (1888-1961) durch die von ihm geleitete Fachtagung der
Altertumswissenschaft in der Pfingstwoche 1930 in Naumburg eine un-
wiederholbare Gestalt.

Als 1. Vorsitzender der Fachtagung
gab W. Jaeger, dazu angeregt von
Alfred Giesecke, die acht auf der
Tagung gehaltenen Vorträge 1931
bei B. G. Teubner unter dem Titel
*Das Problem des Klassischen und
die Antike* heraus.

Die Vorträge hielten:
Johannes Stroux, *Die Anschauun-
gen vom Klassischen im Altertum* /
Wolfgang Schadewaldt, *Begriff
und Wesen der antiken Klassik* /
Paul Friedländer, *Vorklassisch und
Nachklassisch* / Eduard Fraenkel,
Die klassische Dichtung der Römer / Bernhard Schweitzer, *Über das
Klassische in der Kunst der Antike* / Eduard Schmidt, *Klassizismus und
Klassik in der antiken Kunst* / Matthias Gelzer, *Gibt es eine klassische
Form in der politischen Entwicklung?* / Helmut Kühn, *„Klassisch" als
historischer Begriff*.

Einführend schreibt Werner Jaeger:
»Das Verhältnis der einzelnen Vorträge zueinander ist nicht durch eine im
voraus feststehende Gemeinsamkeit der Grundanschauungen über Begriff
und Wesen des Klassischen bedingt. Was erstrebt wurde, war zunächst
nur die methodische Vollständigkeit der Fragestellung. Der erste der Vorträge von Johannes Stroux will den Ursprung des Problems des Klassischen in der geschichtlichen Struktur der Antike selbst aufzeigen.

Werner Jaeger   Wolfgang Schadewaldt
(1888-1961)   (1900-1974)

Wolfgang Schadewaldt sucht dann dieses mit dem geistigen Erbe des Altertums uns überkommene Problem für unsere Zeit und vom Standpunkt
unseres gegenwärtigen Verhältnisses zum Altertum neu zu stellen und
dem Begriff des Klassischen einen durch unsere konkrete geschichtliche
Lage bestimmten, erweiterten und vertieften Sinn zu geben. Wenn er sich
dabei auf die Klassik in der griechischen und römischen Literatur beschränkt, so führen die beiden an ihn anschließenden Vorträge von Paul
Friedländer und Eduard Fraenkel zunächst diese Linie weiter, indem der
erstere das Phänomen des Klassischen in der griechischen Literatur durch
seinen Gegensatz zum Vor- und Nachklassischen schärfer zu umgrenzen
unternimmt, während Eduard Fraenkel die Frage des Klassischen in seiner
Bedeutung als Formprinzip der römischen Dichtung der augusteischen
Zeit aufrollt ... Nach der Philologie kommt die Archäologie zu Wort ...
Im Gegensatz zu einer Kunstauffassung, die das Klassische von der Äs-
thetik her als ein überzeitliches, rein formales Element zu fassen sucht,
entwickelt Bernhard Schweitzer den besonderen Charakter der Klassik der
griechischen Kunst des 5. und 4. Jahrhunderts aus ihrer konkreten Stellung in der griechischen Geistesgeschichte und im Zusammenhang des
ganzen Lebens ihrer Zeit. Der Vortrag von Eduard Schmidt geht in glück-
licher Ergänzung dieser begrifflichen Erörterung von der den Archäologen
immer aufs neue beschäftigenden praktischen Frage aus: Wie weit vermö-

gen wir in den erhaltenen Kopien römischer Zeit noch das Wesen der klassischen Werke zu erfassen? ... Vielleicht gibt es doch auch für die bildende Kunst dieser Zeit, was die augusteische Dichtung lehrt: daß die künstlerische Gesinnung dieser römischen Klassik den Klassizismus zur bewußten Voraussetzung hat, genau wie es in unserer großen deutschen Poesie vor hundert Jahren war. Matthias Gelzer stellt endlich das Problem auch für die politische Entwicklung des Altertums, er fragt nach der Existenz einer klassischen Form des staatlichen Lebens in der alten Geschichte. Eine solche Frage kann in diesem Zusammenhang natürlich nicht nur durch die äußere Stellung der alten Geschichte als dritter der drei großen Disziplinen der klassischen Altertumswissenschaft gerechtfertigt werden. Das Eigengesetz der Dynamik des geschichtlichen Lebens verträgt scheinbar keine derartige Betrachtung nach der Analogie der Entwicklungsweise der literarischen und künstlerischen Form. Soll die Frage also überhaupt einen Sinn haben, so setzt sie voraus, daß auch die Klassik der literarischen und künstlerischen Form keine bloß ästhetische Erscheinung ist, sondern in eine geistige Schicht hinabreicht, wo sie mit den Grundlagen der politischen und sozialen Struktur der menschlichen Gemeinschaft zusammenhängt. – Wenn am Ende der wirklichen Diskussion der Leiter der Tagung in dem Gefühl der Notwendigkeit eines solchen Abschlusses sich nicht gescheut hat, sein Fazit aus dem Gang der Debatte zu ziehen, so war das durch den Eindruck einer trotz aller Unterschiede im einzelnen weitgehenden Konvergenz der Grundanschauungen bedingt, die seiner eigenen Ansicht stark entgegenkam.«

Werner Jaeger, Schüler von Wilamowitz und durch seinen Lehrer 1921 zu seinem Nachfolger als Ordinarius der klassischen Philologie in Berlin nominiert, übte dort fünfzehn Jahre lang als Lehrer, Forscher und Kulturkritiker eine ungewöhnliche Wirkung aus. Seine bezwingende Persönlichkeit förderte auch das Verhältnis wechselseitiger Anziehung, das ihn mit Hugo von Hofmannsthal in den Jahren 1928 und 1929 verband. 1934 erschien der erste Teil seines Werkes *Paideia. Die Formung des griechischen Menschen*. 1936 mußte Jaeger mit seiner jüdischen Frau das Land verlassen; er folgte einem Ruf nach Chicago und entfaltete sodann eine ergebnisreiche Lehr- und Forschungstätigkeit in Harvard als Pontifex, der die Brücke schlug von der griechischen Welt des Aristoteles zur christlichen Welt des Gregor von Nyssa und der Patristik.

X. Altertumskunde und altsprachlicher Unterricht

Die Altertumswissenschaft hat die Ausgestaltung des altsprachlichen Unterrichts beim Aufbau des Teubnerschen Schulbuchverlages nach dem Ersten Weltkrieg maßgebend beeinflußt und den Unterrichtswerken, namentlich auch den Schultexten, den durch wissenschaftliche Grundlegung gestützten hohen Rang gegeben und die weiteste Verbreitung verschafft. B. G. Teubner entwickelte sich in weniger als zwanzig Jahren zum größten und für alle Unterrichtsfächer – mathematisch-naturwissenschaftliche und alt- wie neusprachliche – bedeutendsten deutschen Schulbücherverlag.

Die neuentwickelten Unterrichtswerke folgten den »Preußischen Richtlinien für die Lehrpläne« oder nahmen sie vorweg. Als neues Lehrbuch der lateinischen Sprache auf sprachwissenschaftlicher Grundlage erschien das vier Teile umfassende *Lateinische Unterrichtswerk* von Hartke und Niepmann (1923-1924). Ihm folgten der *Ludus Latinus*, das lateinische Unterrichtswerk für Schulen mit grundständigem Unterricht, von Hartke und Michaelis herausgegeben in vier Teilen, umfassend das *Lateinische Lese- und Übungsbuch* (2. Aufl. 1927) sowie die *Formenlehre* (1927), die *Lateinische Satzlehre* (1927, 5. Auflage 1932), die *Wortkunde* (1927) und die *Grammatik* (1927). Die *Lateinische Sprachlehre* von Habenstein und Röttger erfuhr sieben Auflagen bis 1942. Die Verfasser des *Ludus* folgten dem Grundsatz: »Die Grammatik zum *Ludus Latinus* soll mit der Wissenschaft gehen und den auf Erfahrung begründeten Forderungen der Praxis entgegenkommen. Wissenschaft und Lehrkunst schreiten immer fort und müssen immer wieder neu aufeinander eingestellt werden.«[34]

Die *Lingua Latina* von Salomon, Hartke und Vogt wurde als Lateinisches Lehr- und Übungsbuch (1927) »für Anstalten mit Lateinbeginn in U II (Reformgymnasien, Oberrealschulen, Realgymnasien, Oberlyzeen)« in zwei Teilen herausgegeben: I. Übungs- und Lesebuch mit lektionsmäßiger Wortkunde. II. Grammatik (Formenlehre und Abriß der Satzlehre). Für Reform- und Studienanstalten mit Lateinbeginn in U III diente die *Vita Romana* (1927) von Wolf, Michaelis und Vogt. Dieses lateinische Unterrichtswerk umfaßte vier Teile: Lese- und Übungsbuch; Formenlehre; Wortkunde; Satzlehre. Der *Ludus Latinus* eroberte sich mit *Lingua Latina* und *Vita Romana* bis 1928 über 1000 Latein treibende Schulen aller Art.

Neben den lateinischen Unterrichtswerken erschienen die *Palaistra, Griechisches Lese- und Übungsbuch* von Wynand (1927) und die in gleicher Weise wie die lateinische aufgebaute und mit dieser auch durch Personalunion verbundene griechische Grammatik von Lotz-Kroymann-Sandmann. Beide Werke sollten den Wünschen der Praxis angepaßt werden und engere Fühlung mit dem Fortschritt der Wissenschaft halten.

Grundlage der Lektüre des altsprachlichen Unterrichts wurden die *Schultexte der Bibliotheca Teubneriana* (BST), die als *Editiones minores*, ohne kritischen Apparat und Praefatio, die wissenschaftlich gesicherten Texte boten; sodann *Teubners Schülerausgaben lateinischer und griechischer Schriftsteller* (TS) mit Kommentaren; die *Eclogae Graecolatinae*, Einzeltexte mit Anmerkungen; die *Litterae Latinae*, Lateinische Lesestoffe von Loeckell und Salomon; schließlich die Reihe *Griechische und lateinische Schriftsteller* (GLS), Ausgaben mit deutschen Anmerkungen unter dem Text. Aus dieser Reihe sei herausgehoben der *Catull*, herausgegeben und erklärt von Wilhelm Kroll (1923, 7. Auflage 1989).

Beispielhaft in Anlage, Auswahl und Disposition des Stoffes, unvergleichbar in der »angestrebten elementarwissenschaftlichen Behandlung« fand die weiteste Verbreitung *Teubners Geschichtliches Unterrichtswerk*, namentlich der *Grundriß der Geschichte für die Oberstufe*, in vier Teilen herausgegeben von G. Bonwetsch, H. Kania, E. Neustadt, G. Röhm und F. Schnabel, und hier die *Geschichte des Altertums* von Neustadt und Röhm (7. Auflage 1928), als Ausgabe A für Gymnasien und Realgymnasien, als Ausgabe B für Oberrealschulen, Oberschulen und Aufbauschulen sowie Studienanstalten. Der *Grundriß* suchte als Material- und damit als Arbeitsbuch in das geschichtliche Denken einzuführen. Ihn ergänzten die Bände *Bilder zur Kunst- und Kulturgeschichte* (1928) von A. Rumpf und G. Schoenberger sowie das *Lehrerbuch zum Grundriß der Geschichte* (1928), das als Beitrag zur Methodik des Geschichtsunterrichtes die Konzeption begründet.

Franz Schnabel (1887-1966), Ordinarius in Karlsruhe und München und Mitherausgeber, urteilte über den Grundriß und seine Wirkungen, »daß die meisten deutschen Studenten, die auf unseren Universitäten den verschiedensten Fachstudien obliegen, ihre abschließende geschichtliche Bildung aus dem Grundriß geschöpft haben«.

XI. Der Umbruch 1933 und die Folgen des »Gesetzes zur Wiederherstellung des Berufsbeamtentums«

Von den Ausgaben der *Bibliotheca Teubneriana* und der *Sammlung wissenschaftlicher Commentare*, die vor Beginn und während des Zweiten Weltkrieges erschienen, erfuhren besondere Beachtung der letzte Teil (Pars 4, 1935) und der Abschlußband (Pars 5) der *Lexicographi Graeci* (1938) und Band II der *Itineraria Romana* (ed. Schnetz, 1940) sowie die Horaz-Ausgabe *Q. Horati Flacci Carmina* (1939) von Friedrich Klingner.

Auf dem gesamten altertumswissenschaftlichen Gebiet wurde die Tätigkeit des Teubnerschen Verlages durch die Relegation und Flucht führender Gelehrter und Autoren jüdischer Herkunft auf Grund des »Gesetzes zur Wiederherstellung des Berufsbeamtentums« vom April 1933 erheblich erschwert.[35] Eduard Nordens letztes und reifstes Werk *Aus altrömischen Priesterbüchern* – »Dem Gedächtnis Franz Büchelers geweiht« – konnte nach der Emigration des Verfassers nicht mehr bei B. G. Teubner erscheinen und wurde auf Empfehlung Martin P. Nilssons 1939 in der Schriftenreihe der Königlich Humanistischen Wissenschaftsgesellschaft in Lund veröffentlicht. Norden schrieb im Vorwort: »Äußere Umstände brachten es mit sich, daß die Absicht, das Buch im Sommer 1937 erscheinen zu lassen, als sich Büchelers Geburtstag zum 100. Male jährte, nicht ausgeführt werden konnte; aber der Dank an einen Toten, dessen Geist lebendig wirkt, *saecula vincit*.« B. G. Teubner als Inhaber der Verlegerrechte ließ das Buch erstmals 1995 als zweite Auflage in Form eines Neudrucks der Erstauflage erscheinen, 54 Jahre nach Nordens Tod. Der Religionshistoriker John Scheid (Collège de France) urteilt in seinem Nachwort: »Die Wiederherausgabe der *Priesterbücher* ist auch ein wissenschaftliches Ereignis, denn das Werk ist eines der besten Bücher, die jemals in Deutschland und überhaupt über römische Religion geschrieben worden sind.«

Paul Maas (1880-1964), Autor des Verlages seit 1903, vollendete die *Byzantinische Metrik* 1939, im Jahr des tiefsten Einschnitts im Leben des Verfassers. Das Buch konnte jedoch als Beiheft der *Byzantinischen Zeitschrift* nicht mehr erscheinen. Maas mußte das Manuskript bei seiner Flucht im August 1939 in Königsberg zurücklassen; eine Restitution dieser Arbeit gelang Maas in Oxford nicht mehr. Die vertraglich mit ihm 1910 vereinbarte kritische Ausgabe des größten byzantinischen Kirchendichters Romanos in zwei Bänden mit einem Gesamtumfang von 1200 Seiten, die Maas in den dreißiger Jahren vollendete, konnte bei B. G. Teubner nicht mehr erscheinen. Maas mußte auch dieses Manuskript 1939 in Königsberg zurücklassen. Eine Manuskriptfassung ließ Maas in Athen aufbewahren: sie bildete die Grundlage für die Ausgabe in zwei Bänden, die mehr als fünfzig Jahre nach der vertraglichen Übereinkunft nicht mehr bei B. G. Teubner, sondern in der Clarendon Press, Oxford, und bei de Gruyter, Berlin, erschien.

Eugen Täubler (1879-1953), Ordinarius der Alten Geschichte in Heidelberg, kündigte im März 1933 seine Demission an. Zum 1. April 1934 wurde er von seinem Lehramt und von der Mitgliedschaft in der Heidelberger Akademie entbunden. 1929 hatte er mit B. G. Teubner den Verlagsvertrag über das Werk *Der römische Staat* für die vierte Auflage der *Einleitung in die Altertumswissenschaft* von Gercke-Norden geschlossen und das Manuskript vom Ende des Jahres 1933 bis zum November 1934 zur Verfügung gestellt. Das Buch wurde im Leipziger Verlag im Februar 1935 fertiggestellt; es durfte, da sein Verfasser Jude war, nicht mehr ausgeliefert werden und blieb der Fachöffentlichkeit unbekannt. Keine Bibliothek im Inland und im Ausland besaß ein Exemplar. Die Auflage von 1500 Exemplaren wurde durch den Bombenangriff im Dezember 1943 zerstört. Mit Hilfe der Witwe Selma Stern-Täubler konnte der Verlag 1985 einen Neudruck der Erstauflage veranstalten, dreißig Jahre nach Täublers Tod. Alfred Heuß urteilte in seinem Aufsatz *Eugen Täubler Postumus*, das Buch sei für Täubler »de facto das letzte Wort in der Sache, und da man bei uns in Deutschland bis heute nicht einmal bis zu diesem Stadium eines Fadenschlags für das Ganze gelangte, hat die Schrift von ihrer Aktualität wenig eingebüßt«.[36]

Siehe hierzu auch das Kapitel »Eugen Täubler« in
Krämer, H.: *Neun Gelehrtenleben am Abgrund der Macht.*
Der Verlagskatalog B. G. Teubner, Leipzig – Berlin 1933:
Eduard Norden. Paul Maas. Eduard Fraenkel. Eugen Täubler.
Alfred Einstein. Albert Einstein. Max Born. Hermann Weyl.
Franz Ollendorff.
2., bearbeitete und erweiterte Auflage.
Edition am Gutenbergplatz Leipzig 2011 (EAGLE 048).

XII. Zerstörung der Firma im Dezember 1943 und Wiederaufbau

Die Weiterentwicklung in Forschung, Lehre und Unterricht wurde durch den Luftangriff auf Leipzig im Dezember 1943, der den großen graphischen Betrieb und Verlag von B. G. Teubner zerstörte, abrupt unterbrochen. Nach dem Ende des Krieges raubte die sowjetische Besatzungsmacht wichtige Verlagsrechte des Schulbücherverlages und übertrug sie dem neugegründeten Verlag Volk und Wissen in Ostberlin: sie wurden nicht zurückgegeben.

Martin Giesecke-Teubner (1908-1965).
Geschäftsführender Gesellschafter von 1932 bis 1965

Der Verlag und der graphische Betrieb wurden nach 1945 in Teilen wiederaufgebaut. Ihr Komplementär Martin Giesecke, Ururenkel des Gründers der Firma, gründete 1946 vorsorglich die B. G. Teubner Verlagsgesellschaft m.b.H. in Hagen (Westfalen), um verlegerisch unabhängig in den angloamerikanischen Besatzungszonen tätig werden zu können, und er rief 1948 den Verlag für Wissenschaft und Fachbuch GmbH in Bielefeld ins Leben, um wissenschaftliche Bücher und Fachbücher auf dem westdeutschen Markt herauszugeben und zu verbreiten und den im Westen ansässigen Teubner-Autoren Verlagsheimat und Honorargarantie zu geben. Um am Gründungsort der Firma das Verlagsgeschäft wieder betreiben zu können, errichtete Martin Giesecke im Januar 1947 die B. G. Teubner Verlagsgesellschaft KG, die im August 1947 die Verlagslizenz der sowjetischen Militärregierung erhielt; diese Lizenz war auf die Herausgabe wissenschaftlichen Schrifttums beschränkt.

In den ersten Nachkriegsjahren lag das Hauptgewicht der Verlagsarbeit noch nicht wieder auf der altertumswissenschaftlichen Produktion. Die Drucklegung des *Thesaurus* war seit 1943 unterbrochen, das Thesaurus-Verlagslager durch Kriegseinwirkung verlorengegangen. In den Jahren 1949 bis 1951 erschienen drei neue Faszikel des *Thesaurus linguae Latinae*. Der graphische Betrieb von B. G. Teubner war so weit wiederaufgebaut, daß er anspruchsvollsten Satz und Druck erledigen konnte. Im April 1949 konstituierte sich die Internationale Thesaurus-Kommission: sie trat an die Stelle der fünf Akademien (Gesellschaften) der Wissenschaften, die 1896/1897 den Verlagscontract schlossen, und als deren Rechtsnachfolgerin wurde sie Partnerin der Verlagsfirma. Den mit der notwendigen Sitzverlegung der Firma von Leipzig nach Stuttgart verbundenen gesellschaftsrechtlichen Wandlungen begegnete die Kommission als Rechtsnachfolgerin und Verlagspartnerin auf die Dauer von vierzig Jahren bis zur Wiedervereinigung mit Unverständnis.

XIII. Sitzverlegung der Teubner-Firmen von Leipzig nach Stuttgart 1952/1953 und Konfiskation des Leipziger Betriebes (Verlag und Druckerei) durch den Staat

Um die Verlagsfirma im Dienste der freien Wissenschaft als Privatunternehmen weiterführen zu können, mußte sich Martin Giesecke, der geschäftsführende Mitinhaber, im Oktober 1952 entschließen, Leipzig als Gründungsort der Firma und die DDR zu verlassen und den Firmensitz nach Stuttgart zu verlegen. Die Tätigkeit des Teubnerschen Verlages nahm von der Jahreswende 1952/1953 an die B. G. Teubner Verlagsgesellschaft m.b.H. wahr, deren Sitz im Janur 1953 von Hagen nach Stuttgart verlegt wurde. Zur gleichen Zeit, im Februar 1953, erfolgte die Sitzverlegung der Firma B. G. Teubner, der Inhaberin der Teubner-Verlagsrechte, von Leipzig nach Stuttgart (eingetragen im Handelsregister Stuttgart am 13.2.1953). Der Sitz der 1947 gegründeten B. G. Teubner Verlagsgesellschaft KG wurde im März 1955 von Leipzig nach Stuttgart verlegt. Nach Übertragung des Vermögens einschließlich aller Rechte auf die B. G. Teubner Verlagsgesellschaft m. b. H., Stuttgart, wurde die Kommanditgesellschaft aufgelöst und gelöscht.

Die im Oktober 1952 konfiszierten und in staatliche Verwaltung genommenen oder enteigneten Leipziger Teubner-Betriebe wurden bis 1990 widerrechtlich weitergeführt, wichtige, der Firma in Stuttgart gehörende Verlagsrechte geraubt und genutzt: *Bibliotheca Teubneriana*; *Thesaurus linguae Latinae*.

Durch Urteil des Landgerichts Stuttgart vom 21.1.1956 wurde festgestellt, daß die Sitzverlegung der Firma B. G. Teubner von Leipzig nach Stuttgart, die Sitzverlegung der Firma B. G. Teubner Verlagsgesellschaft von Leipzig nach Stuttgart, die Übertragung des Vermögens der B. G. Teubner Verlagsgesellschaft auf die B. G. Teubner Verlagsgesellschaft m. b. H. rechtswirksam erfolgten und daß die B. G. Teubner Verlagsgesellschaft in Leipzig rechtswirksam erlosch.

Damit war festgestellt, daß Firmenname und Verlagsrechte allein B. G. Teubner in Stuttgart zustehen. Durch Beschluß des Oberlandesgerichts Stuttgart vom 19.6.1956 erhielt das Urteil des Landgerichts Rechtskraft.

Die Internationale Thesaurus-Kommission – als Vertragspartner der Firma B. G. Teubner – legte größten Wert auf die Fortsetzung der Zusammenarbeit mit dem konfiszierten Leipziger Betrieb, der nicht mehr berechtigt war, Teubner-Werke, namentlich den *Thesaurus*, zu veröffentlichen. Über das Recht stellte sie den Zusammenhalt mit den ostdeutschen Akademien in Berlin und Leipzig als Mitgliedern der Kommission. Sie widersetzte sich de facto dem Urteil des Landgerichts Stuttgart und anerkannte nicht die durch höchstrichterliche Rechtsprechung gebotene Bindung an ihren Vertragspartner, die Firma B. G. Teubner in Stuttgart. Dadurch duldete sie den von dem konfiszierten Leipziger Betrieb auch nach dem Stuttgarter Urteil in der Öffentlichkeit behaupteten Verlagsrechts-Anspruch.

Der Verlagsausschuß der Forschungsgemeinschaft hieß 1957 die Herausgabe des Thesaurus durch die Leipziger Firma nicht gut und sprach sich dafür aus, daß der Name Teubner Leipzig vom *Thesaurus* zu verschwinden habe. Eugen Ulmer, international angesehener Urheberrechtler, bestätigte die Rechtslage zugunsten von B. G. Teubner Stuttgart, und er versicherte dem Ersten Vorsitzenden der Internationalen Thesaurus-Kommission, daß nach westlichem Recht B. G. Teubner Stuttgart Vertragspartner des *Thesaurus linguae Latinae* ist.

Nach acht Jahren fruchtloser Verhandlung beschied der Erste Vorsitzende der Kommission, Professor Albin Lesky, den Inhaber des Teubnerschen Verlages am 12. Mai 1960: »Der Thesaurus ist keineswegs gesonnen, zweifellos unerfreuliche Verhältnisse im Verlagswesen, die durch vis maior hervorgerufen sind, auf seinem Rücken austragen zu lassen.«[37]

Die Spaltung nach Ost und West war besiegelt, die mehr als sechzigjährige Zusammenarbeit zwischen den Vertragspartnern auf unabsehbare Zeit unterbrochen.

Die Thesaurus-Kommission ließ es durch ihre starrsinnig-abweisende Haltung geschehen, daß B. G. Teubner, Vertragspartner und alleiniger Inhaber der *Thesaurus*-Verlagsrechte, seit der Sitzverlegung 1952 keinen Einfluß auf dieses Verlagsgeschäft nehmen konnte. Erst 1991, nach der Wiedererwerbung und Wiedereingliederung des Leipziger Betriebes, also nach mehr als vierzig Jahren, wurde dieser rechtlose Zustand beendet und der *Thesaurus linguae Latinae* wieder in die verlegerische Obhut von B. G. Teubner, der Stuttgarter Stammfirma, genommen.

XIV. Restitution des Verlages und der Bibliotheca Teubneriana

B. G. Teubner in Stuttgart nahm 1958 die Tätigkeit auf dem altertumswissenschaftlichen Gebiet wieder auf. In Verbindung mit Gutachtern der Mommsen-Gesellschaft und mit Unterstützung der Forschungsgemeinschaft wurden Neudrucke wichtiger kritischer Ausgaben griechischer und römischer Schriftsteller veröffentlicht, die der Restitution der *Bibliotheca Teubneriana* dienten. Fachliche und persönliche Bindungen an Mitglieder der Gesellschaft – die erste Zusammenkunft der deutschen Altertumsforscher nach 1945 fand im Herbst 1949 in Hinterzarten statt –, von denen nicht wenige bereits seit den dreißiger Jahren B. G. Teubner als Herausgeber und Autoren nahestanden, stärkten das Gefühl produktiver Zusammengehörigkeit und gaben der Verlagsfirma Anregung und Wegweisung. Die Tagung der Mommsen-Gesellschaft 1995 gipfelte in sechs Vorträgen, welche Die Wissenschaften vom Altertum am Ende des 2. Jahrtausends n. Chr. bilanzierend behandelten und welche noch 1995, herausgegeben von Ernst-Richard Schwinge, bei B. G. Teubner erschienen.

Während der Restitutionsphase, die sich bis in die siebziger Jahre erstreckte, konnten nur wenige Neueditionen zur notwendigen Erweiterung der *Bibliotheca* beitragen. Erst vom Eingang der siebziger Jahre an standen gute Editoren der mittleren und jüngeren Generation zur Verfügung, denen der Verlag Aufträge erteilen konnte. Zu dieser Zeit begann der Neuaufbau der Bibliotheca und anderer Sammlungen sowie auch aller anderen Disziplinen des Verlages. So gewann der Verlag Heinz Heubner, Josef Delz und Alf Önnerfors für eine neue kritische Gesamtausgabe des Tacitus, des letzten großen Geschichtsschreibers der Römer, die 1978 bis 1983 in fünf Bänden erschien und die Ausgabe von E. Koestermann ersetzte. Mit Antonie Wlosok und Eberhard Heck wurde schon in den frühen siebziger Jahren eine Neuedition der *Diuinae institutiones* des Lactantius – des umfänglichsten Werkes der frühchristlichen Apologetik lateinischer Sprache – vereinbart. Diese sieben Bücher umfassende Ausgabe erscheint in vier Faszikeln ab 2005 und soll 2011 abgeschlossen werden. Vorgezogen wurde von den Herausgebern die Erstfassung des Werkes: *Epitome diuinarum institutionum*, die 1994 erschien und die der Erschließung des Lactanz als Apologeten und Vermittlers griechisch-römischer Kultur im Christentum dient.

Auf den Spuren von Paul Maas sprach ich lange mit Reinhold Merkelbach
– der mich lehrte, Spuren zu finden, und der mir dreißig Jahre lang der
strengste und lustigste Berater (εὔβουλος) war – über Textkritik. Die
Textkritik von Maas erschien 1927 als Teil der Einleitung von Gercke-
Norden und erfuhr vier Auflagen bis 1960, ein *Libellus aureus* der Altertumskunde. Merkelbach riet mir, ein neues Buch herauszubringen und
darin die Textkritik mit der Editionstechnik zu verbinden. Den Auftrag
gab ich Martin L. West. Das Buch erschien 1973: *Textual Criticism and
Editorial Technique, applicable to Greek and Latin texts.*

Paul Maas (1880-1964).
Führender Vertreter der klassischen
und byzantinischen Philologie,
besonders der griechischen Vers-
Kunst und Textkritik

Reinhold Merkelbach (1918-2006).
Auf allen Gebieten der Altertumskunde,
mit Einschluß der Papyrologie und
Epigraphik, führender Gelehrter und
einer der anregendsten Religionsforscher

Als Zeugnis vorbildlicher Textkritik konnte Wests Neuedition des Aischylos in die *Bibliotheca Teubneriana* aufgenommen werden: *Aeschyli tragoediae cum incerti poetae Prometheo* (1990). Diese kritische Ausgabe
beruht als erste auf der genauen Erforschung der handschriftlichen Überlieferung bis zum 14. Jahrhundert; 40 Handschriften wurden neu kollatio-

niert. Erst Wilamowitz wandte sich den vor ihm nicht berücksichtigten jüngeren Handschriften zu. So ist seine Edition von 1914 ein Markstein in der Aischylos-Forschung nicht nur durch seine eminente Sprachkenntnis und sein sicheres Urteil, sondern auch durch die Resultate, welche seine kritische Prüfung der Handschriften erbracht hat. Der neue Aischylos von West krönt die bisherige Erforschung dieses Dichters. West bietet die Lesarten der jungen Handschriften in übersichtlicher und systematischer Form dar, so daß man umfassender als bei Wilamowitz und genauer als bei Page, dem letzten Aischylos-Herausgeber vor West, informiert wird.

Er ist ein glänzender Kenner des Griechischen, vertraut mit dem altertümlichen, sehr schönen Attisch, das der Dichter schrieb. Die umfangreiche Praefatio enthält auf 25 Seiten eine Spezialgrammatik für den Sprachgebrauch des Aischylos. Er hat die kommentierenden Randbemerkungen (»Scholien«) der Handschriften und die Arbeiten der modernen Gelehrten sorgfältig ausgenützt. Diese Neuedition eines der größten griechischen Dichter übertrifft bei weitem alle bisherigen kritischen Ausgaben. Sie hat den Rang einer Standardedition. Die Neuedition ergänzte West durch seine Untersuchungen *Studies in Aeschylus* (1990).

Eine der großen Editionsleistungen des ausgehenden Jahrhunderts ist die neue Horaz-Ausgabe von Shackleton Bailey (1917-2005), die der Verlag erbat, um die Ausgabe von Klingner (1939) zu ersetzen: *Q. Horati Flacci opera* (1985, 4. Auflage 2001). Josef Delz (1922-2005) urteilte im *Gnomon*: »Richard Bentley redivivus! ... Die neue Teubneriana ist eine meisterhafte Leistung, schon weil hier endlich festgefahrene Geleise verlassen werden, ohne daß der Wagen wie bei vergleichbaren früheren Experimenten in den Abgrund stürzt ... Im Text stehen etwa 40 eigene Konjekturen ... Durch seinen immer wachen Spürsinn und seinen Mut, eingewurzelte Ansichten anzugreifen, hat S. B. die wissenschaftliche Arbeit an Horaz auf eine neue Grundlage gestellt. Bentley und Housman würden ihm gratulieren, und ich glaube, auch Q. Horatius Flaccus wäre seinem Herausgeber dankbar, daß er einiges von dem Mißgeschick, das seinen Worten im Lauf der Jahrhunderte zugestoßen ist, wiedergutgemacht hat.«[38]

David Roy Shackleton Bailey (1917-2005)

Die Zusammenarbeit mit D. R. Shackleton Bailey entstand aus unseren Gesprächen in Harvard und in Peter House, Cambridge. Sie war ein Glücksfall für das philologische Fach und für B. G. Teubner. Am Anfang stand die 1979 in Boylston Hall, Department of the Classics, vereinbarte

Neuedition der *Anthologia Latina*. Deren erster Teil erschien 1982 in der *Bibliotheca: Anthologia Latina. I: Carmina in codicibus scripta. Fasc. 1. Libri Salmasiani aliorumque carmina*. Im Vergleich mit der Ausgabe des Vorgängers Alexander Riese (2. Auflage 1894) urteilt Wolfgang Dieter Lebek: »In der Geschichte der Beschäftigung mit der AL ist das Buch ein Markstein.«[39] Den zweiten Teil *Fasc. 2. Reliquorum Librorum carmina* konnte Shackleton Bailey bis zu seinem Tode am 28. November 2005 nicht mehr vollenden.

Eine in den zwanziger Jahren von Sjögren geplante Ausgabe der rund 2000 Briefe Ciceros blieb Fragment. Als Resultat der Gespräche in Harvard 1985 schuf D. R. Shackleton Bailey, der größte Cicero-Kenner und führende Textkritiker, die erste moderne Gesamtausgabe der Cicero-Korrespondenz in vier Bänden für die *Bibliotheca* als weltweit gültige Standardedition: *M. Tulli Ciceronis epistulae ad Atticum*. Vol. I: Libri I-VIII. Vol II: Libri IX-XVI. 1987. – *Epistulae ad familiares*. Libri I-XVI. 1988. – *Epistulae ad Quintum fratrem. Epistulae ad M. Brutum. Commentariolum petitionis. Fragmenta epistularum*. 1988. Seine unentbehrlichen prosopographischen Nachschlagewerke schlossen sich an: *Onomasticon to Cicero's Speeches* (2. Auflage 1992); *Onomasticon to Cicero's Letters* (1995); *Onomasticon to Cicero's Treatises* (1996).

Drei weitere kritische Ausgaben schlossen Shackleton Baileys Beiträge zur *Bibliotheca* ab:

1. *M. Annaei Lucani de bello civili*, 1988.

Lucans Epos über den römischen Bürgerkrieg wurde ursprünglich von Carl Hosius für die Bibliotheca herausgegeben (3. Auflage 1913). Hosius hat als erster die Überlieferung systematisch aufgearbeitet, und sein kritischer Apparat blieb, auch für spätere Editoren, die Hauptquelle unserer Kenntnis der handschriftlichen Grundlage. Dann erschien die epochemachende Ausgabe »editorum in usum« von Alfred Housman, Oxford 1926. Housman gab einen scharfsinnig emendierten Text, einen kritischen Apparat mit einer Fülle wervollster Beiträge zum Verständnis des Dichters und einer, gelegentlich überbordenden, Kritik an seinen Vorgängern, besonders Hosius. Housmans Edition ist weder ersetzbar noch überholbar.

Shackleton Bailey bietet einen auf der Grundlage von Hosius und Housman bereinigten Text, in den die Ergebnisse der Textkritik an Lucan seit

Housman aufgenommen sind, darunter eine Reihe von glücklichen eigenen Emendationen; einen verkürzten Apparatus criticus, der aber durch die Resultate einer neueren Untersuchung der mittelalterlichen Überlieferung im 9. Jahrhundert von H. C. Gotoff (1971) erweitert ist; sodann eine klare Abgrenzung noch nicht sicher verstandener oder hergestellter Partien.

2. *M. Fabii Quintiliani declamationes minores*, 1989.

Von den sogenannten kleineren Deklamationen, die unter Quintilians Namen überliefert sind, lagen zwei kritische Ausgaben vor, die von Constantin Ritter besorgte alte Teubneriana von 1884 und die mit ausführlichem Kommentar versehene Ausgabe von Winterbottom von 1984. Lennart Håkanson, der Herausgeber der *Declamationes XIX maiores* (1982) in der *Bibliotheca*, stellte fest, daß der Text noch immer an vielen Stellen verbesserungsbedürftig ist. Als fruchtbarster Konjekturalkritiker konnte Shackleton Bailey eine Fülle evidenter Verbesserungen in den Text setzen; weniger sichere Vermutungen sind im kritischen Apparat mitgeteilt. Ein ausführlicher »Index verborum et locutionum notabiliorum« erhöht den Wert der Ausgabe.

3. *M. Valerii Martialis epigrammata*, 1990.

Die Epigramme des römischen Dichters Martial waren für Lessing (1729-1781) das Musterbild des Epigramms. Die handschriftliche Überlieferung ist erst seit der Edition von W. M. Lindsay (Oxford 1903) ausreichend bekannt. Den besten Text bot die Teubneriana von W. Heräus (1925). Shackleton Bailey hat die Ausgabe von Heräus erneuert, auf der er in seiner Edition aufbaut. Die Forschungsbeiträge seit Heräus sind sorgfältig ausgewertet, besonders die wegweisenden von A. E. Housman; auch der Editor selbst hat wichtige neue Beiträge gegeben. Diese Neuedition dürfte auf lange Zeit die führende Martial-Ausgabe bleiben.

Die Krönung der *Bibliotheca Teubneriana* ist die neue Ilias-Ausgabe, die im 100. Jahr des Bestehens der Sammlung erschien: *Homeri Ilias*. Recensuit / Testimonia congessit Martin L. West. *Volumen prius: Rhapsodias I-XII continens*. 1998. – *Volumen alterum: Rhapsodias XIII-XXIV et Indicem nominum continens*. 2000. Diese Neuedition ersetzt die Ausgabe von Arthur Ludwich (1902-1907). West hat 1500 Papyrus-Handschriften des Werkes, von denen mehr als die Hälfte unveröffentlicht sind, ausgewertet; er hat auch eine große Zahl von Testimonien zusammengestellt, die in einem eigenen Apparat unter dem Text vereinigt sind, und er hat die 12 bedeutendsten mittelalterlichen Handschriften kollationiert.

Während der Entstehung der neuen Ausgabe der Ilias reifte der – zuerst beim 9. Kongreß der Fédération Internationale des Associations d'Études Classiques (FIEC) im August 1989 in Pisa – mit Joachim Latacz besprochene und vereinbarte Plan eines *Gesamtkommentars zu Homers Ilias* zu einer Gesamtkonzeption und einer überzeugenden Gestaltung heran. Eine glückliche Koinzidenz der Herausgeber der Ilias-Ausgabe und des Kommentarwerks förderte das Kommentarunternehmen, dem der Text der Ilias-Edition von West und ein eigens für den Kommentar verfaßter kritischer Apparat als integrierte Teile zugute kommen. Die dem Text gegenüberstehende deutsche Übersetzung wurde von J. Latacz eigens für das Kommentarwerk angefertigt. Dieser Gesamtkommentar auf der Grundlage der Ausgabe von Ameis-Hentze-Cauer (1868-1913) wurde im Jahr 2000 durch den Band *Prolegomena* eingeleitet. Er unterrichtet über die Geschichte der Formelhaftigkeit und Mündlichkeit (Latacz), die Homer-Grammatik (Wachter), die Metrik (Nünlist), die Ilias-Struktur (Latacz), die Poetik (Nünlist / de Jong), die Figuren der Handlung (Graf / Stoevesandt) sowie über den Zusammenhang des homerischen mit dem mykenischen Wortbestand (Wachter).

Das Kommentarwerk besteht aus drei Teilen: dem Prolegomena-Band; den Text- und Übersetzungsbänden; den Kommentar-Bänden (Zeilenkommentar). Erschienen sind:

Prolegomena (2000, 3. Auflage 2009) – Band I: *Erster Gesang* (2000, 3. Auflage 2009) – Band III: *Dritter Gesang* (2009) – Band IV: *Sechster Gesang* (2008) – Band V: *Neunter Gesang* (2010) – Band VI: *Neunzehnter Gesang* (2009) – Band VII: *Zweiundzwanzigster Gesang* (2009) – Band VIII: *Vierundzwanzigster Gesang* (2009). Das Werk erscheint in der *Sammlung wissenschaftlicher Commentare.*

In engem Zusammenhang mit dem *Ilias*-Kommentar steht der zweite Band der *Colloquia Raurica: Zweihundert Jahre Homerforschung*, herausgegeben von Joachim Latacz 1991. Zwanzig Gelehrte behandeln: Homer und die archäologische Forschung; Homer und die althistorische Forschung; Homer und die Sprachwissenschaft; Mythenforschung und

Religionswissenschaft im Zusammenhang mit Homer; Biographische Forschung zu Homer; Die beiden homerischen Epen: Forschungen zu ihrer
Struktur; Methoden ihrer Interpretation.

Die *Colloquia Raurica* wurden 1987 von Jürgen von Ungern-Sternberg
und dem Collegium Rauricum sowie B. G. Teubner begründet. Die Collo-
quia werden alle zwei Jahre veranstaltet. Jedes Colloquium behandelt eine
aktuelle geisteswissenschaftliche Frage von allgemeinem Interesse aus der
Perspektive verschiedener Disziplinen. Den Schwerpunkt bilden dabei
Beiträge aus dem Bereich der Altertumswissenschaft. Die eingeladenen
Fachvertreter erörtern das Tagungsthema im gemeinsamen Gespräch. Die
Ergebnisse werden in der Schriftenreihe *Colloquia Raurica* veröffentlicht.

Besonders ertragreich war das 3. Colloquium: *Mythos in mythenloser Gesellschaft. Das Paradigma Roms* (1993). Herausgegeben von Fritz Graf.
Unter Mitwirkung von Walter Burkert, Mary Beard, Jan M. Bremmer,
Philippe Borgeaud, Tonio Hölscher, John Scheid, Renate Schlesier, Jürgen von Ungern-Sternberg.

XV. Die Wiedervereinigung der Teubner-Firmen 1991

Zwei Monate nach dem Pisaner Gespräch mit Joachim Latacz im August 1989 war die Welt über Nacht eine andere: das Regime in Ostdeutschland brach zusammen. Die Voraussetzungen für politische, rechtliche, namentlich gesellschaftsrechtliche, und wirtschaftliche Wandlungen erfüllten sich in der durch den Einigungsvertrag vom 3. Oktober 1990 vollzogenen Wiedervereinigung der seit einem Menschenalter getrennten Teile Deutschlands. Dieser Prozeß bahnte auch den Weg für den gesellschaftsrechtlichen Zusammenschluß der seit nahezu vierzig Jahren nach Ost und West geteilten, im Schisma der Spaltung gefangenen Teubner-Firmen.

Schon in der ersten Phase des Niedergangs der DDR, der sich vom 4. Quartal 1989 bis zum Ende des 3. Quartals 1990 vollzog, bat der Leiter des Leipziger Teubner-Betriebes im Februar 1990 den Geschäftsführer der B. G. Teubner GmbH, Stuttgart, die Führung der Geschäfte der B. G. Teubner Verlagsgesellschaft in Leipzig zu übernehmen. Die Übernahme der Geschäfte und die Rückgabe der Leipziger Firma an den rechtmäßigen Inhaber B. G. Teubner in Stuttgart war aber, da die gesetzlichen Grundlagen in Gestalt eines Vermögensgesetzes noch fehlten, an die zustimmende Entscheidung der im Frühjahr 1990 von der Regierung der DDR gegründeten Treuhandanstalt gebunden, die als geschäftsführende Gesellschafterin über alle auf dem Gebiet der DDR ansässigen Firmen – volkseigene Betriebe ebenso wie unter staatliche Treuhandschaft gestellte und mit staatlicher Beteiligung geführte Betriebe – gebot und deren Kapitalanteile verwaltete, mit der Aufgabe, die Firmen zu privatisieren, also zu veräußern, zu sanieren oder zu liquidieren. Die Treuhandanstalt hielt als Komplementärin auch die Kapitalanteile der B. S. B. (Betrieb mit staatlicher Beteiligung) B. G. Teubner Verlagsgesellschaft Leipzig, die unverändert in der Rechtsform einer Kommanditgesellschaft bestand.

B. G. Teubner Stuttgart nahm, nach Ermittlung des – nicht positiven – Liquidationswertes der Leipziger Teubner-Firma auf Grund des DM-Bilanzgesetzes vom 3. Oktober 1990, im Januar 1991 die Kaufverhandlungen mit der Treuhandanstalt in Berlin auf. Durch den mit der Treuhandanstalt geschlossenen Kaufvertrag vom 16. April 1991 erwarb die B. G. Teubner GmbH, Stuttgart, durch ihre neugegründete Tochtergesellschaft, die B. G. Teubner Verlagsgesellschaft mbH, zum Kaufpreis von rund 1 Million DM das Handelsgeschäft der Firma B. G. Teubner Verlagsgesellschaft KG, Leipzig, also die Aktiva einschließlich aller Verlagsrechte, und übernahm 22 in der Leipziger Firma tätige Mitarbeiterinnen und Mitarbeiter. Die Teubner-Kommanditgesellschaft wurde im Mai 1991 durch die Treuhandanstalt liquidiert und gelöscht.

Die B. G. Teubner Verlagsgesellschaft mbH verlegte im Mai 1991 ihren Sitz von Stuttgart nach Leipzig und vollzog gemeinsam mit der Stammfirma am Gründungsort den verlegerischen Neuaufbau der Disziplinen Altertumswissenschaft, Mathematik und Naturwissenschaften. Im 180. Jahr des Bestehens von B. G. Teubner waren die Teubnerschen Verlage mit allen Verlegerrechten und der gesamten geistigen und wirtschaftlichen Substanz wieder vereint. Dieser Zusammenschluß aller produktiven Kräfte war das bedeutendste und folgenreichste Geschehnis der Teubnerschen Verlagsgeschichte im 20. Jahrhundert.

Das im Verein mit mehr als 1500 Autoren geschaffene und mehr als 2400 selbständige Werke umfassende Verlagsprogramm sowie eine hohe, durch kontinuierliche hinreichende Bilanzgewinne geschaffene Eigenkapitalquote gewährten der vereinigten Verlagsfirma B. G. Teubner als einem unter den wissenschaftlichen Verlagen führenden Privatunternehmen die Freiheit wirtschaftlicher Unabhängigkeit.

D. R. Shackleton Bailey schrieb mit englischem Hintersinn am 13. Juli 1991 an den Verlag: »The reunification of Teubner is the greatest event of its kind since the end of the papal Schism.« Peter Parsons, Christ Church Oxford, bekräftigte seine Wünsche im Brief vom 24. Januar 1993: »I need not say what pleasure it gives as philologists to see Teubner reunited and reinvigorated.«

Die Wiedervereinigung kam einer Wiedererstarkung gleich. Die vornehmste Aufgabe war: die beiden nach Ost und West geteilten Reihen der *Bibliotheca Teubneriana* wieder zusammenzuführen zu der mehr als 400 kritische Ausgaben umfassenden umfangreichsten Sammlung griechischer und römischer sowie byzantinischer, mittel- und neulateinischer Schriftsteller. Die Ausgestaltung der Reihe durch das in Stuttgart wie in Leipzig entwickelte Editionsprogramm fordert die Kräfte der Editoren und Mitarbeiter bis weit über die Jahrtausendwende hinaus.

Das Editionsprogramm der *Bibliotheca*-Ost und -West profilierte die Reihen und ließ nur wenige Doubletten, wie die Tacitus-Ausgabe, zu. Die Herausgabe der *Bibliotheca*-Ost durch die Akademie der Wissenschaften der DDR, Zentralinstitut für Alte Geschichte und Archäologie, förderte die Weiterentwicklung bestehender und die Entstehung neuer Editionen.

PINDARI CARMINA

CVM

FRAGMENTIS

PARS I

EPINICIA

POST

BRVNONEM SNELL

EDIDIT

HERVICVS MAEHLER

BSB B. G. TEUBNER VERLAGSGESELLSCHAFT
1987

Bruno Snell (1896-1986).
Herausgeber der kritischen Ausgaben Pindars und des Bacchylides
(*Bibliotheca Teubneriana*)

Hervorgehoben seien die Pindar-Ausgabe von Bruno Snell und Herwig Maehler (8. Auflage 1987) sowie die Bacchylides-Ausgabe von Snell und Maehler (10. Auflage 1970, 11. Auflage 1999); die fortgeführte Plutarch-Ausgabe von Konrat Ziegler und Hans Gärtner; die Hipponax-Ausgabe von E. Degani (2. Auflage 1991); die Herodot-Ausgabe von H. B. Rosén (1987-1997); die Cicero-Reden *De oratore* von Kazimierz F. Kumaniecki (1969) und *Oratio pro P. Quinctio* von Michael D. Reeve (1992); die Iuvenal-Ausgabe von J. Willis (1997); die Editionen *Poetarum eligiaecorum testimonia et fragmenta* von B. Gentili - C. Prato (1985-1988), *Poetarum epicorum Graecorum testimonia et fragmenta* von A. Bernabé (1987-2007); die *Fabulae* des Hyginus von P. K. Marshall (1993); die sechs Bände umfassende Neuedition des byzantinischen Schriftstellers Michael Psellus (1985 f.) und namentlich die Neuedition des Porphyrius von A. Smith (1993), die als Jahrhundertwerk gelten kann.

In der *Bibliotheca*-West wurde die Livius-Ausgabe durch zwei Neueditionen von J. Briscoe erneuert: Libri XXXI-XL (1991); Libri XLI-XLV (1986). Briscoe schloß, vom Verlag beauftragt, diesen Ausgaben eine Neuedition des neun Bücher über denkwürdige Taten und Aussprüche umfassenden Werkes von Valerius Maximus, *Facta et dicta Memorabilia*, in zwei Bänden an (1998), die lange Zeit als führende Ausgabe gelten wird. Bei der Weiterentwicklung der Bibliotheca wie auch des gesamten altertumswissenschaftlichen Programms konnte sich B. G. Teubner Stuttgart stets des besten Rates von Reinhold Merkelbach, Albrecht Dihle, Rudolf Kassel, Peter Parsons, Ernst Badian, Josef Delz, Fritz Graf, Jürgen von Ungern-Sternberg versichert halten.

Ein Standardwerk der Homer-Philologie konnte der Verlag durch Erwerb der Verlegerrechte in die *Bibliotheca* als Neudruck der 3. Auflage aufnehmen: die kritische Ausgabe der *Odyssee* von Peter Von der Mühll: *Homeri Odyssea* (1985).

Der kritische Apparat verzeichnet sämtliche Varianten, die von Bedeutung sind. Die Ergebnisse der sprachwissenschaftlichen Homer-Forschung (W. Schulze, J. Wackernagel, F. Bechtel, M. Leumann) sind sorgfältig berücksichtigt.

Peter Von der Mühll (1885-1970). Einer »der ersten Gräzisten unserer Zeit« (B. Wyss). Mit der kritischen Ausgabe der *Odyssea* schuf Von der Mühll ein Standardwerk der Homer-Philologie

Eine Neuedition der *Punica* des Silius Italicus schuf Josef Delz (1987). Die Petronius-Ausgabe von Konrad Müller (geb. 1920) konnte der Verlag durch Erwerb der Verlegerrechte als vierte Auflage in die *Bibliotheca* aufnehmen: *Petronii Arbitri Satyricon Reliquiae* (1995). Für die Teubneriana wurde der Text bearbeitet und erweitert, der kritische Apparat ergänzt, die Praefatio neu verfaßt. Neu aufgenommen sind die zuerst von Scaliger und von Binetus veröffentlichten Gedichte und Gedichtfragmente, deren Echtheit nach den Untersuchungen von Courtney (1991) nicht mehr zweifelhaft ist. Eine neue, lange vereinbarte Lukrez-Ausgabe, die in Text und kritischem Apparat weit gediehen war, konnte Konrad Müller nicht mehr vollenden.

Boëthius, der bedeutendste lateinische Autor der Völkerwanderungszeit und wichtigste Vermittler griechischer Philosophie an die lateinische Welt und an das Mittelalter, wurde in einer Neuedition von Claudio Moreschini vorgelegt: *Boethius de consolatione philosophiae – Opuscula theologica* (2000).

Hrotsvith, die erste deutsche Dichterin, erfuhr nach mehr als 70 Jahren eine Neuedition von Walter Berschin: *Hrotsvithae Opera omnia* (2001).

Dem wohl ältesten griechischen Roman widmete B. P. Reardon eine Neuedition: *Chariton Aphrodisiensis, De Callirhoe narrationes amatoriae* (2004).

Die Bestrebungen des Verlages, die kritischen Textausgaben der lateinischen Schriftsteller der Bibliotheca in elektronischer Form verfügbar zu machen, führten zum Aufbau einer Datenbank der Texte. 1998 erschien die erste CD-ROM *Bibliotheca Teubneriana Latina* in Gemeinschaft mit dem Verlag Brepols N. V., Turnhout.

Durch die Vereinigung der Teubnerschen Verlage übernahm B. G. Teubner auch wieder die uneingeschränkte Verantwortung in Satz und Drucklegung, Verbreitung und Abonnementspflege für das 1897 gegründete Verlagsunternehmen des *Thesaurus linguae Latinae*, des größten Lieferungswerkes der Firma mit gegenwärtig mehr als 160 lieferbaren Faszikeln. Durch geduldige und beharrliche Aufbauarbeit und namentlich auch durch einen um 35 % gegenüber dem Ordinärpreis verminderten Vorzugspreis für den einmaligen Bezug des gesamten erschienenen Werkes konnte der Abonnentenstamm auf mehr als 1200 Bezieher vergrößert werden.

Peter Schreiner (geb. 1940).
Herausgeber der Byzantinischen Zeitschrift

Die Teubnerschen Zeitschriften waren zeit ihres Bestehens die Mittelpunkte der Disziplin, der sie dienten. Die älteste, die *Byzantinische Zeitschrift* (BZ), übernahm B. G. Teubner als Inhaber der Verlegerrechte 1990 wieder von C. H. Beck, dem sie nach dem Ende des Zweiten Weltkrieges auf Wunsch des Herausgebers Franz Dölger überlassen worden war. Durch den sechsten Herausgeber Peter Schreiner, unterstützt von Hans Belting und Ihor Ševčenko, wurde die BZ von ihrem 84./85. Band 1991/1992 an wieder als internationales Zentralorgan der Byzantinistik ausgestaltet.

Das *Archiv für Papyrusforschung und verwandte Gebiete*, das Ulrich Wilcken 1901 begründete, wird von Band 40 (1994) an wieder in zwei Halbjahresheften durch einen erweiterten Herausgeberkreis besorgt, dem Bärbel Kramer, Wolfgang Luppe, Herwig Maehler und Günter Poethke angehören. Es wurde wieder zum einzigen Referate-Organ der Papyrologie weiterentwickelt, das regelmäßig über literarische Papyri und Papyrusurkunden berichtet und auch die koptischen Papyri einbezieht.

Diesen beiden Zeitschriften schloß sich das 1999 begründete *Archiv für Religionsgeschichte* (ARG) an, herausgegeben von Jan Assmann, Fritz Graf, Tonio Hölscher, Ludwig Koenen und John Scheid. Im Zentrum des ARG stehen die vor- und außerchristlichen Religionen namentlich des Mittelmeerraums, des Nahen Orients und des indoiranischen Raums, die in allen zur Verfügung stehenden Quellen erfaßt werden sollen. Diese Schwerpunkte verbinden das ARG mit der Vorgängerin, dem Teubnerschen *Archiv für Religionswissenschaft* (ARW) (1898-1943).

Die Religionswissenschaft gab der Arbeit des Verlages seit dem Ende des 19. und Beginn des 20. Jahrhunderts ein besonderes Gewicht. Einen Markstein religionsgeschichtlicher Forschung setzte Reinhold Merkelbach mit seinem 1995 erschienenen Werk *Isis regina – Zeus Sarapis*. Dieses Buch bietet eine aus den Quellen geschöpfte Gesamtdarstellung der griechisch-ägyptischen Religion um die Götter Isis, Sarapis und Harpokrates-Eros, in der Epoche von 300 v. Chr. bis 400 n. Chr. »Das Buch krönt Reinhold Merkelbachs Lebenswerk, das ... im Grenzbereich von Philologie und Religionsgeschichte angesiedelt ist. Daß der so esoterisch anmutende Forschungsgegenstand eines der bedeutendsten deutschen Altertumswissenschaftler nun in einem für den Nichtfachmann vollkommen lesbaren und vorbildlich ausgestatteten Buch seinen Niederschlag gefunden hat, ist eine große Leistung von Autor und Verlag.«[40] »The author has published an invaluable textbook, which also merits the attention of all those engaged in patristic studies.«[41]

Ein Spektrum religionsgeschichtlicher Forschung der Gegenwart bietet das von Fritz Graf herausgegebene Geburtstags-Symposion für Walter

Burkert, März 1996: *Ansichten griechischer Rituale*, mit der Festrede von Hugh Lloyd-Jones *Ritual and Tragedy* (1998).

Walter Burkert (geb. 1931)   Albert Henrichs (geb. 1942)

Der Vereinigung der Teubnerschen Firmen im Jahre 1991 eingedenk rief der Verlag am Gründungsort die *Lectio Teubneriana* als jährlich wiederkehrende Vorlesung ins Leben; sie wurde am 8. Mai 1992 durch Reinhold Merkelbach mit der Vorlesung *Die Bedeutung des Geldes für die Geschichte der griechisch-römischen Welt* eröffnet. Mit vielbeachteten Reden folgten Walter Burkert (*Platon in Nahaufnahme. Ein Buch aus Herculaneum*, 1993), Joachim Latacz (*Achilleus. Wandlungen eines europäischen Heldenbildes*, 1995), Albert Henrichs (*Warum soll ich denn tanzen? Dionysisches im Chor der griechischen Tragödie*, 1996), Martin L. West (*Die griechische Dichterin. Bild und Rolle*, 1996), Fritz Graf (*Der Lauf des rollenden Jahres. Zeit und Kalender in Rom*, 1997), Tonio Hölscher (*Aus der Frühzeit der Griechen. Räume, Körper, Mythen*, 1998), Jan Assmann (*Das verschleierte Bild zu Sais. Schillers Ballade und ihre griechischen und ägyptischen Hintergründe*, 1999). Die *Lectiones* wurden in einer eigenen Verlagsreihe vereinigt.

B. G. Teubner hat neben den Texteditionen der *Bibliotheca Teubneriana* immer auch Untersuchungen und Kommentare veröffentlicht, die das ganze Gebiet der Altertumskunde betreffen. Der wissenschaftliche Fortschritt wird in der Regel durch eindringende Einzeluntersuchungen erzielt. Solchen Untersuchungen ist die neue Verlagsreihe *Beiträge zur Altertumskunde* gewidmet, die 1990 von den Herausgebern Ernst Heitsch, Ludwig Koenen, Reinhold Merkelbach und Clemens Zintzen begründet wurde. Die Herausgeber gehören zu der kritischen Schule der deutschen Philologie. Die ästhetische Interpretation, so hilfreich sie zur Vermittlung der antiken Texte sein mag, steht nicht im Zentrum des Interesses. Es werden vor allem Schriften veröffentlicht, die einen klaren Zuwachs an Erkenntnis bringen oder nützliche Arbeitsinstrumente sind. Alle Sparten der Altertumskunde werden berücksichtigt, Philologie, Geschichte, Sprachwissenschaft; Arbeiten auf Randgebieten, die in Nachbardisziplinen hinübergreifen, sind willkommen. Das Nachleben der Antike fällt in den Bereich der Reihe; die lateinischen Autoren der Renaissance, die eine eigene Kultur nach dem Vorbild der antiken Texte zu schaffen suchten, werden berücksichtigt. Die Reihe wurde eröffnet durch das Buch *Studies in Aeschylus* (1990) von Martin L. West, »a by-product of my recent critical edition, Aeschyli Tragoediae«. Als jüngste Bände erschienen von Jürgen von Ungern-Sternberg *Römische Studien* (2006) und *Griechische Stu-*

dien (2009) sowie von Dieter Timpe *Römisch-germanische Begegnung in der späten Republik und frühen Kaiserzeit* (2006).

Mehr als zwanzig Jahre suchte B. G. Teubner in Gesprächen mit Reinhold Merkelbach und Rudolf Kassel nach Wegen der Erneuerung der am Jahrhundertbeginn entstandenen *Einleitung in die Altertumswissenschaft* von Gercke-Norden. In den Mittelpunkt der Beratungen trat der beherzte Vorschlag von Merkelbach, für die lateinische Philologie eine neue Einleitung zu schaffen. Merkelbach entwarf den Aufbau eines solchen Bandes, der dem Herausgeber als Grundriß der Darstellung dienen konnte. Rudolf Kassel riet, der Einleitung in die lateinische Philologie eine neue Einleitung in die griechische Philologie zur Seite zu stellen. In den Jahren 1993 bis 1996 gab es zwischen uns kein Gespräch, in dem wir uns nicht über die Entwicklungsstadien und die Fortschritte des Unternehmens Gewißheit verschafften.

Für die lateinische Philologie konnten Verlag und Berater Fritz Graf in Basel als Herausgeber gewinnen. Die griechische Philologie legte der Verlag, der Empfehlung von Kassel folgend, in die Hände von Heinz-Günter Nesselrath in Bern.

Die Herausgeber und der Verlag gewannen die bestbeleumundeten Gelehrten. Autoren und Herausgeber verhandelten in Verlagsbesprechungen in Stuttgart und Basel im Herbst 1995 den Aufbau und Inhalt des griechischen und lateinischen Bandes. Die neue Einleitung ist das Ergebnis der Zusammenarbeit deutscher, schweizerischer, österreichischer, französischer, italienischer, englischer und amerikanischer Autoren.

Die *Einleitung in die lateinische Philologie* umfaßt neun Abschnitte und behandelt: Geschichte der lateinischen Philologie und der Bildung (Kaster; Hadot; Grafton / Most) – Geschichte der Texte und ihrer Zeugen: Textkritik und Editionstechnik (Delz); Römisches Schriftwesen (Steinmann) – Lateinische Epigraphik (Eck) – Geschichte der lateinischen Sprache (Kramer) – Geschichte der lateinischen Literatur: Republikanische Zeit (Lefèvre); Augusteische Zeit und Kaiserzeit (Conte); Mittellateinische Literatur (Ziolkowski); Neuzeitliche lateinische Literatur seit der Renaissance (Ludwig); Römische Metrik (Boldrini) – Römische Geschichte: Königszeit und Republik; Kaiserzeit (von Ungern-Sternberg); Spätantike (Martin) – Römisches Privatrecht (Manthe) – Römische Religion: Republikanische Zeit (Scheid); Kaiserzeit (Beard); Das Christentum von den Anfängen bis in die Spätantike (Markschies) – Römische Philosophie (Erler) – Römische Archäologie und Kunstgeschichte: Kunst und Archäologie Roms (von Hesberg); Archäologie der römischen Provinzen (Fellmann); Römische Numismatik (von Kaenel).

Einleitung in die
lateinische Philologie

Unter Mitwirkung von
Mary Beard   Sandro Boldrini   Gian Biagio Conte
Josef Delz   Werner Eck   Michael Erler   Rudolf Fellmann
Anthony Grafton   Ilsetraut Hadot   Henner von Hesberg
Hans-Markus von Kaenel   Robert A. Kaster   Johannes Kramer
Eckard Lefèvre   Walther Ludwig   Ulrich Manthe
Christoph Markschies   Jochen Martin   Glenn W. Most
John Scheid   Martin Steinmann   Jürgen von Ungern-Sternberg
Jan Ziolkowski

herausgegeben von
Fritz Graf

ℬ

B. G. Teubner Stuttgart und Leipzig 1997

Einleitung in die
griechische Philologie

Unter Mitwirkung von
Walter Ameling   Adolf H. Borbein   Robert Browning (†)
Herbert A. Cahn   Enzo Degani   Tiziano Dorandi
Kenneth Dover   Robert Fleischer   Fritz Graf
Dieter Hagedorn   Jürgen Hammerstaedt   Herbert Hunger
Richard Hunter   Athanasios Kambylis   Richard Kannicht
Gustav Adolf Lehmann   Wolfram Martini   Edgar Pack
Georg Petzl   Friedo Ricken   Klaus Strunk
Alfred Stückelberger   Ernst Vogt   Dietrich Willers   Nigel Wilson

herausgegeben von
Heinz-Günther Nesselrath

ℬ

B. G. Teubner Stuttgart und Leipzig 1997

Die *Einleitung in die griechische Philologie* umfaßt acht Abschnitte: Geschichte der Texte: Tradierung der Texte im Altertum; Buchwesen (Dorandi); Handschriftliche Überlieferung in Mittelalter und früher Neuzeit, Paläographie (Hunger); Textkritik (Dover); Papyrologie (Hagedorn); Epigraphik (Petzl) – Geschichte der griechischen Philologie: Altertum (Wilson); Byzanz (Wilson); Neuzeit (Vogt) – Geschichte der griechischen Sprache: Vom Mykenischen bis zum klassischen Griechisch (Strunk); Von der Koine bis zu den Anfängen des modernen Griechisch (Browning) – Geschichte der griechischen Literatur: Bis 300 v. Chr. (Degani); Hellenismus (Hunter); Kaiserzeit (Nesselrath); Spätantike (Hammerstaedt); Byzantinische Literatur (Kambylis); Griechische Metrik (Kannicht) – Geschichte der griechischen Welt: Archaische und klassische Zeit (Lehmann); Hellenismus (Lehmann); Kaiserzeit (Ameling); Spätantike (Pack) – Griechische Religion (Graf) – Griechische Philosophie und Wissenschaften: Philosophie (Ricken); Wissenschaften (Stückelberger) – Griechische Kunst: Archaische Zeit (Martini); Klassik (Borbein); Hellenismus (Fleischer); Kaiserzeit (Willers); Spätantike (Willers); Griechische Numismatik (Cahn).

Peter Parsons schrieb am 11. November 1997 an den Verlag: »... indeed a wonderful book, equally handsome, comprehensive and authoritative; and all the more admirable as a collaboration of scholars across Europe. May I congratulate you most warmly on this landmark book and record my best thanks to the reunited House of Teubner for its continuing commitment to Classical Philology; to the great benefit of us all?«

Wie ihr Vorbild, der Gercke-Norden, sucht diese lehrbuchmäßige Darstellung in zwei selbständigen, einander ergänzenden Bänden ein Gesamtbild der griechischen und lateinischen Philologie, ihrer Hilfsmittel und Aufgaben im Rahmen einer umfassenden Wissenschaft vom Altertum zu geben. Das Werk bietet in knappen orientierenden Übersichten eine gründliche, verläßliche Einführung in Methode und Wissensstand der einzelnen Disziplinen und vermittelt ein einheitliches Gesamtbild der Altertumswissenschaft.

Diese neue *Einleitung in die Altertumswissenschaft* in zwei Bänden umfaßt insgesamt 1360 Druckseiten oder 85 Bogen. Demgegenüber erreicht die *Einleitung* von Gercke-Norden in drei Bänden einen Gesamtumfang von 1548 Druckseiten oder 97 Bogen.

Die Einleitung in die lateinische Philologie von Graf konnte im März 1997 – 2040 Jahre nach dem Geburtstag Ovids – an den Buchhandel ausgeliefert werden. Ihr folgte die Einleitung in die griechische Philologie von Nesselrath im Oktober 1997. Für beide Bände setzte der Verlag einen günstigen, der Verbreitung namentlich unter Studenten förderlichen Ladenverkaufspreis fest. Bis zum Ende des Geschäftsjahres 1997 konnten von beiden Bänden insgesamt mehr als 4400 Exemplare abgesetzt werden.

So schloß sich der Jahrhundertkreis zwischen Gercke-Norden und Graf-Nesselrath. Als kostbar-dauerhaftes Bindeglied fügte der Verlag die *Geschichte der Philologie* von Ulrich von Wilamowitz-Moellendorff ein; sie erschien in der dritten Auflage, einem Neudruck der Erstauflage von 1921, im Jahr 1998.

An der Jahrtausendwende widmete der Verlag ein großes mehrbändiges Werk der griechischen Epigraphik. Es gibt nur eine einzige umfassende Sammlung, *Epigrammata Graeca ex lapidibus collecta*, von Georg Kaibel aus dem Jahr 1878. Das Material hat sich seitdem verfünffacht. Reinhold Merkelbach schuf in Verbindung mit Josef Stauber eine Ausgabe in fünf Bänden: *Steinepigramme aus dem griechischen Osten*. Das Werk ist eine Sammlung aller griechischen Steinepigramme (über 1600) aus Kleinasien, Syrien und Palästina, also den Gebieten zwischen Dardanellen/Bosporus und dem heutigen Suezkanal mit den Ausläufern bis nach Armenien, Iran und Baktrien.

Band 1:
Die Westküste Kleinasiens
von Knidos bis Ilion.

Band 2:
Die Nordküste Kleinasiens
(Marmarameer und Pontos).

Band 3:
Der »Ferne Osten« und das
Landesinnere bis zum Tauros.

Band 4:
Die Südküste Kleinasiens,
Syrien und Palästina.

Band 5:
Register.

Das Werk bietet die auf Stein überlieferten Texte in einer Edition mit Übersetzung, kritischem Apparat mit Kommentar, Bibliographie. Zahlreiche Abbildungen, besonders der Reliefs, zeigen die Monumente. Die

Ausgabe begann im Herbst 1998 zu erscheinen und wurde 2002 abgeschlossen.

Von den großen kritischen Ausgaben, die in der zweiten Hälfte des 20. Jahrhunderts zu erscheinen begannen, sei jene Edition zum Schluß hervorgehoben, die unter den Säkularleistungen einen ersten Rang einnimmt: *Poetae Comici Graeci* edd. Rudolf Kassel et Colin Austin (Walter de Gruyter, Berlin, 1983 ff.). Die griechische Komödie wurde durch Vermittlung der von ihr abhängigen römischen Komödie zum Fundament aller späteren Komödiendichtung. Neben vollständig erhaltenen griechischen Komödien besitzen wir mehrere Tausende von Bruchstücken aus verlorenen Komödien. Diese Bruchstücke haben sich in den letzten Jahrzehnten vor allem durch Papyrusfunde in Ägypten, aber auch durch die Entdeckung mitttelalterlicher Handschriften antiker Schriften, in denen Komödien zitiert werden, in erheblichem Umfang vermehrt. Die auf neun Bände geplante Ausgabe vereinigt sämtliche griechischen Komödientexte in einem vollständigen Corpus. Alle Texte werden nach den Grundsätzen der philologischen Textkritik bearbeitet und mit einem knappen, dem Leser alle nötigen Hilfen bietenden Kommentar versehen. Alle Zeugnisse über die Dichter und ihre Werke sind beigegeben, ebenso die bibliographischen Hinweise und ausführliche Indices. Das Werk gibt aller künftigen Forschung auf dem Gebiet der Komödie ein sicheres wissenschaftliches Fundament.

Wenn wir die Entwicklung der Altertumswissenschaft seit dem Beginn des 19. Jahrhunderts abschließend bedenken – Hermann Usener sagte von unseren geschichtlichen Wissenschaften: »In ihrer Geschichte entfaltet sich ihr *Begriff,* der nicht unberührt bleiben kann von dem Wandel der Generationen«[42] –, so nehmen wir wahr, daß jede Generation und jeder große Einzelforscher von zwei Einsichten geprägt wurden, welche die Maximen ihres Handelns bildeten. Wir verdanken diese Einsichten zwei Gelehrten, die zu unseren größten gehören. Theodor Mommsen im Nachruf auf Otto Jahn: »Die sogenannte streng philologische Methode, das heißt einfach die rücksichtslos ehrliche, im großen wie im kleinen vor keiner Mühe scheuende, keinem Zweifel ausbiegende, keine Lücke der Überlieferung oder des eigenen Wissens übertünchende, immer sich selbst und anderen Rechenschaft legende Wahrheitsforschung.« Ulrich von Wilamowitz-Moellendorff in seinen Erinnerungen 1848-1914: »Die letzte Aufgabe der philologisch-historischen Wissenschaft ist, durch die Kraft der wissenschaftlich geschulten Phantasie vergangenes Leben, Fühlen, Denken, Glauben wieder lebendig zu machen, auf daß alles, was von belebender Kraft in jener Vergangenheit ist, auf die Gegenwart und Zukunft fortwirke. Dazu muß der Kopf kühl sein, aber heiße Liebe im Herzen brennen. Nur der Eros führt zum Anschauen der Wahrheit und des ewig Lebendigen.

Und setzest Du nicht das Leben ein,
nie wird dir das Leben gewonnen sein.«[43]

B. G. Teubner hat in 175 Jahren die Altertumswissenschaft begleitet und danach gestrebt, durch kritische Textausgabe und Kommentar, Abhandlung und Lehrbuch, Lexikographie und Zeitschrift mit den Wissenschaftserfordernissen in Wechselwirkung zu treten und dadurch Forschung und Lehre zu fördern.

Die Wiedervereinigung der Teubnerschen Verlage wurde 1998 durch die Vereinheitlichung des Gesellschaftsrechtes in Gestalt der Verschmelzung der Tochtergesellschaft in Leipzig mit der Muttergesellschaft in Stuttgart und somit der Errichtung einer wieder einzigen Firma B. G. Teubner mit Sitz in Stuttgart und Betriebsstätte in Leipzig abgeschlossen.

Auf dem Wege vom alten ins neue Jahrhundert stellte die alleinige Gesellschafterin Giesecke & Devrient, mit neuer Geschäftsführung versehen, durch den Plan und Beschluß, sich aller Gesellschaftsanteile an der Tochtergesellschaft zu entäußern, der Verlagsfirma B. G. Teubner die Existenzfrage. In einem brieflichen Memorandum, gerichtet an die Firma Giesecke & Devrient in München, gaben zwei Ordinarien als führende Gräzisten süddeutscher Universitäten zu bedenken:

1. »Von den Verlagshäusern, welche die glanzvolle Entfaltung der deutschen Altertumswissenschaft im 19. Jahrhundert maßgeblich begleitet und gefördert haben, hat den Zweiten Weltkrieg und die Jahrzehnte der deutschen Teilung nur das Haus Teubner überlebt ... Heute – zehn Jahre nach der Wiedervereinigung – ist der Verlag Teubner erneut eines der altertumswissenschaftlich führenden Verlagshäuser. Eine Entscheidung über sein Programm oder gar über seinen Fortbestand betrifft darum nicht nur

geschäftliche Interessen, sondern auch die gesamte Altertumswissenschaft in unserem Lande.

2. Seit dem Zweiten Weltkrieg wird die Wissenschaft auch auf unserem Fachgebiet zunehmend von internationaler Zusammenarbeit bestimmt. Die in der Altertumswissenschaft führenden Verlage Europas – Oxford University Press, Les belles Lettres (Paris), E. J. Brill (Leiden) und in Deutschland vornehmlich B. G. Teubner – sind damit nationale Partner eines internationalen Diskurses. Eine Entscheidung über die Zukunft des Hauses Teubner hat darum nachhaltige Folgen für den Beitrag Deutschlands zur altertumswissenschaftlichen Buchkultur Europas und der Welt. Wir bitten Sie herzlich, bei Ihren Entscheidungen auch Überlegungen wie diese zu berücksichtigen.«[44]

Im 188. Geschäftsjahr 1999 wurde die Verlagsfirma B. G. Teubner GmbH – zwei Jahre nach dem Tod von Siegfried Otto, der als Inhaber der Firma Giesecke & Devrient, München, den ihr seit mehr als 130 Jahren familiär eng verbundenen Verlag im Juli 1969 in sein Unternehmen als Eigentum *auf Dauer* aufnahm –, durch die ihren Prinzipal entbehrende Muttergesellschaft an die Firma Bertelsmann AG, Gütersloh, veräußert. Sie verlor dadurch ihre Selbständigkeit und Handlungsfreiheit als führender wissenschaftlicher Verlag und büßte ihre geistige und wirtschaftliche Einheit ein, besonders durch Weiterverkauf des altertumswissenschaftlichen Verlagszweiges, dem unter der neuen Inhaberschaft des Verlages K. G. Saur, München, das Recht, den Namen und das Signet von B. G. Teubner zu führen, verwehrt wurde.

Der älteste Verlagszweig hat seine Identität verloren. Ein in der Altertumskunde sehr angesehener Gelehrter stellt am Beginn des Jahres 2000 in einem Brief an den Verlag fest: »Der Verlag B. G. Teubner hat die Teilung überstanden, nicht aber die Wiedervereinigung, auf die wir alle noch vor einem Jahr stolz waren.« B. G. Teubner, als nahezu zwei Jahrhunderte bestehende Firma dieses Namens von Weltruf, ist als aus eigener Kraft durch fünf geschäftsführende Generationen gewachsener Organismus schuldlos untergegangen.

Seit dem Jahr 2006 wird der altertumswissenschaftliche Verlag von B. G. Teubner durch die Verlagsfirma Walter de Gruyter als neue Inhaberin geführt.

Der letzte Verlagskatalog
Altertumswissenschaft 1999/2000,
B. G. Teubner Stuttgart und Leipzig

Inhaltsverzeichnis

G = Griechisch   L = Latein

BN 1000 = Bestellnummer
Die Benutzung der Bestellnummern vereinfacht und
beschleunigt die Lieferung.

Preisänderungen vorbehalten. Die Katalogpreise gelten
ab August 1999

Ausgegeben August 1999

B. G. Teubner Stuttgart · Leipzig

Industriestraße 15 · D – 70565 Stuttgart
Telefon (07 11) 7 89 01 - 0 · Telefax (07 11) 7 89 01 - 10
e-mail: info@teubner.de

Johannisgasse 16 · D – 04103 Leipzig
Telefon (03 41) 2 16 86 - 0 · Telefax (03 41) 2 16 86 - 46
e-mail: teubner.leipzig@t-online.de

Teubner-Homepage: http://www.teubner.de

XVI. Vergil und Horaz

SVNT LACRIMAE RERVM, ET MENTEM MORTALIA TANGVNT.
P. Vergilivs Maro, Aeneis I, 462

VOSQVE VERACES CECINISSE, PARCAE,
QUOD SEMEL DICTVM STABILIS PER AEVVM
TERMINVS SERVET, BONA IAM PERACTIS
  IVNGITE FATA.
Q. Horativs Flaccvs, Carmen Saecvlare

Die Zerstörung Troias.
Vergilius Vaticans. Spätes 4. / frühes 5. Jahrhundert.
Rom, Bibliotheca Vaticana, Cod. Lat. 3225.
Wiedergabe nach:
Kurt Weizmann, *Spätantike und frühchristliche Buchmalerei.*
München: Prestel-Verlag 1977

Anmerkungen

1 Ulrich von Wilamowitz-Moellendorff: Geschichte der Philologie. 3. Aufl. Stuttgart und Leipzig: B. G. Teubner 1998, S. 36.

2 Otto Ribbeck: Friedrich Wilhelm Ritschl. Ein Beitrag zur Geschichte der Philologie. Erster Band. Leipzig: B. G. Teubner 1878, S. 218f.

3 Ulrich von Wilamowitz-Moellendorff: Geschichte der Philologie, S. 43.

4 Ebenda, S. 43.

5 Johann Wolfgang von Goethe: Italiänische Reise. II. In: Goethe. Werke. Hrsg. im Auftr. d. Großherzogin Sophie von Sachsen. Abt. I, Bd. 31. Weimar: Böhlau 1904, S. 165.

6 Walter Rehm: Griechentum und Goethezeit. 4. Aufl. Bern und München: Francke 1968, S. 137.

7 Ebenda, S. 230.

8 Ulrich von Wilamowitz-Moellendorff: Geschichte der Philologie, S. 48.

9 Friedrich Wilhelm Ritschl, Über die neueste Entwicklung der Philologie (1833). In: Opusc. Philolol. 5, 3.7. S. 13f.

10 Rede zur Säcularfeier Karl Lachmann am 4. März 1893 im Namen der Georg-August-Universität gehalten. In: Friedrich Leo: Ausgewählte kleine Schriften. Herausgegeben und eingeleitet von Eduard Fraenkel. Zweiter Band. Rom: Edizioni di Storia e Letteratura, 1960, S. 424.

11 B. G. Teubner 1811-1911. Geschichte der Firma in deren Auftrag herausgegeben von Friedrich Schulze. Leipzig: B. G. Teubner 1911, Faksimile nach S. 164.

12 Peter Von der Mühll am 12. März 1967 an den Verlag.

13 Hermann Usener: Philologie und Geschichtswissenschaft. Rede, gehalten beim Antritt des Rektorats am 18. Oktober 1882. In: Vorträge und Aufsätze. Leipzig und Berlin: B. G. Teubner 1907, S. 31.

14 Ebenda, S. 2.

15 Ebenda, S. 28.

16 Otto Ribbeck: Friedrich Wilhelm Ritschl. Zweiter Band. Leipzig: B. G. Teubner 1881, S. 310.

17　Ebenda, S. 111.

18　Einleitung zu: Friedrich Leo, Ausgewählte kleine Schriften. 2 Bde.
　　Rom: Edizioni di Storia e Letteratura 1960, S. XXV.

19　Otto Ribbeck, Friedrich Wilhelm Ritschl. Zweiter Band.
　　Leipzig: B. G. Teubner 1881, S. 454.

20　Ebenda, S. 291 f.

21　Ebenda, S. 292.

22　Rudolf Borchardt: Gesammelte Werke in Einzelbänden. Prosa VI.
　　Anmerkungen. Stuttgart: Klett-Cotta, 1990, S. 561.

23　Hermann Usener: Philologie und Geschichtswissenschaft.
　　In: Vorträge und Aufsätze. Leipzig und Berlin: B. G. Teubner 1907, S. 35.

24　Einleitung zu: Friedrich Leo, Ausgewählte kleine Schriften. 3 Bde.
　　Rom: Edizioni di Storia e Letteratura, 1960, S. XXVIII.

25　Eduard Norden: Der Verlag B. G. Teubner und die Altertumswissenschaft.
　　In: Wirtschaft und Idealismus. Herrn Dr. Alfred Giesecke, dem Mitinhaber
　　der Verlagsbuchhandlung B. G. Teubner zum 60. Geburtstag gewidmet.
　　Leipzig, den 16. April 1928, S. 21.

26　Ebenda, S. 22.

27　Friedrich Leo, ebenda, S. 22.

28　Georg Wissowa: Besprechung der Einleitung in die Altertumswissenschaft.
　　Abgedruckt in: Forschung und Unterricht. Einblicke in ihre Arbeit aus
　　Verlagswerken von B. G. Teubner, Leipzig – Berlin 1914, S. 14.

29　Redaktion der Mathematischen Annalen in der Grußadresse
　　zur Hundertjahrfeier der Firma 1911.
　　In: Die Hundertjahrfeier der Firma B. G. Teubner, S. 27.

30　Karl Krumbacher: Einführung. 1. Band 1892.

31　Albrecht Dieterich: Vorwort zum siebten Band 1904.

32　Goethe an Wackenroder. In: Goethe, Werke. Hrsg. im Auftrag der
　　Großherzogin Sophie von Sachsen. Abt. IV., Bd. 49.
　　Weimar: Böhlau 1909, S. 211.

33　Eduard Norden. In: Wirtschaft und Idealismus.
　　Leipzig: B. G. Teubner 1928, S. 20.

34 Vorwort der Verfasser zur dritten bis fünften Aufl. (1932), S. V.

35 Siehe: Heinrich Krämer: Neun Gelehrtenleben am Abgrund der Macht.
Der Verlagskatalog B. G. Teubner, Leipzig – Berlin 1933.
In: Leipziger Jahrbuch zur Buchgeschichte. Band 17.
Wiesbaden: Harrassowitz Verlag 2008, S. 197-254.
2., bearbeitete und erweiterte Aufl. im Verlag
Edition am Gutenbergplatz Leipzig 2011 (EAGLE 048).

36 Eugen Täubler Postumus.
In: Historische Zeitschrift, München 248 (1989) 2, S. 289.

37 Schriftwechsel zwischen den Präsidenten der Internationalen Thesaurus-
Kommission, der Direktion des Thesaurus und der Firma B. G. Teubner,
Stuttgart, vom April 1953 bis zum Oktober 1961. Archiv des Verfassers.

38 Gnomon, 60. Band, 1988, Heft 6, S. 495-501.

39 The Classical Review 35 (1985).

40 Manfred Clauss, Frankfurter Allgemeine Zeitung, 19. Juli 1996.

41 J. den Boeft, Vigiliae Christianae, Leiden, Band 51, 1997.

42 Vorträge und Aufsätze. Leipzig und Berlin: B. G. Teubner 1907, S. 2.

43 Erinnerungen 1848-1914. Leipzig: Verlag von K. F. Koehler 1928,
2. Aufl. 1929, S. 104.

44 Brief vom März 1999 an Verena von Mitschke-Collande, Urururenkelin
des Firmengründers B. G. Teubner und
Mitinhaberin der Firma Giesecke & Devrient in München.

Abbildungen: Archiv des Verfassers.

Gratulationsadresse der
philologischen Autoren
zur Hundertjahrfeier der
Firma B. G. Teubner.
Radierung von Alois Kolb.
Leipzig, 3. und 4. März 1911

Titelseite (S. III) der
mehr als 500 Druckseiten
umfassenden Festschrift
zum hundertsten Firmenjubiläum
B. G. Teubner,
Leipzig 1911

Aus der Ansprache von Richard Heinze, Leipzig, März 1911:

„Meine sehr geehrten Herren des Hauses Teubner! Die klassisch-philologischen
Autoren sprechen Ihnen Dank und Glückwunsch in dieser lateinischen Adresse aus
und begrüßen insbesondere Sie, Herr Dr. Alfred Giesecke, als Fachgenossen, auf den
sie stolz sind, der seiner Wissenschaft als Chef eines Welthauses die Treue bewahrt
hat. Diese Adresse trägt die Unterschriften von 347 Autoren Ihres Verlags aus dem
gesamten Gebiete der Altertumswissenschaft. Ich verlese diese Namen nicht (Heiter-
keit), sondern begnüge mich damit, zu erwähnen, daß unter ihnen neben Deutschland,
Österreich und der Schweiz, auch Italien und Frankreich, Holland und Belgien, England und die Vereinigten Staaten von Nordamerika, Dänemark und Schweden, Rußland
und Griechenland vertreten sind: ein Symbol für die weltumspannende Bedeutung Ihres
Verlags.

Unser Dank ist zugleich ein Versprechen, unser Glückwunsch zuversichtliche Hoff-
nung."

Index

Edition am Gutenbergplatz Leipzig / EAGLE: www.eagle-leipzig.de

Weiß, J. (Leipzig): **B. G. Teubner zum 225. Geburtstag.**
A. Ries. Völkerschlacht. Brockhaus. Augustusplatz. Leipz. Zeitung. Börsenblatt.
Leipzig 2009. 1. Aufl. Geleitwort: H. Krämer (Schwieberdingen). EAGLE 035.
EAGLE 035: www.eagle-leipzig.de/035-weiss.htm ►**ISBN** 978-3-937219-35-6

Thiele, R. (Halle / S.): **Van der Waerden in Leipzig.**
Leipzig 2009. 1. Aufl. Geleitwort: F. Hirzebruch (Bonn). EAGLE 036.
EAGLE 036: www.eagle-leipzig.de/036-thiele.htm ►**ISBN** 978-3-937219-36-3

Wußing, H. (Leipzig):
EAGLE-GUIDE Von Leonardo da Vinci bis Galileo Galilei.
Leipzig 2010. 1. Aufl. EAGLE 041.
EAGLE 041: www.eagle-leipzig.de/041-wussing.htm ►**ISBN** 978-3-937219-41-7

Seit 21. Februar 2011 erscheint im unabhängigen Wissenschaftsverlag
„Edition am Gutenbergplatz Leipzig" die Sammlung
„Leipziger Manuskripte
zur Verlags-, Buchhandels-, Firmen- und Kulturgeschichte".
Siehe: www.leipziger-manuskripte.de   Hier die ersten Titel der Reihe:

Krämer, H. (Schwieberdingen): **Neun Gelehrtenleben am Abgrund der**
Macht. Der Verlagskatalog B. G. Teubner, Leipzig – Berlin 1933.
Leipzig 2011. 2. Aufl. EAGLE 048. ►**ISBN** 978-3-937219-48-6
EAGLE 048: www.eagle-leipzig.de/048-kraemer.htm

Krämer, H. (Schwieberdingen):
Die Altertumswissenschaft und der Verlag B. G. Teubner.
Leipzig 2011. 1. Aufl. EAGLE 049. ►**ISBN** 978-3-937219-49-3
EAGLE 049: www.eagle-leipzig.de/049-kraemer.htm

Krämer, H. (Schwieberdingen) / Weiß, J. (Leipzig):
„Wissenschaft und geistige Bildung kräftig fördern".
Zweihundert Jahre B. G. Teubner 1811-2011.
Leipzig 2011. 1. Aufl. EAGLE 050. ►**ISBN** 978-3-937219-50-9
EAGLE 050: www.eagle-leipzig.de/050-kraemer-weiss.htm

Edition am Gutenbergplatz Leipzig (Verlagsname abgekürzt: EAGLE)
Unabhängiger Wissenschaftsverlag für Forschung, Lehre und Anwendung.
Gegründet am 21. Februar 2003 im Haus des Buches, am Leipziger Gutenbergplatz.
www.weiss-leipzig.de/wissenschaftsgeschichte.htm   weiss@eagle-leipzig.eu

Alle Titel im VLB-online. Bestellungen bitte an Ihre Buchhandlung.